FUNDAMENTOS BÍBLIC
PARA LA FE CRISTIAN

2

DISCERNIENDO EL PROBLEMA DEL HOMBRE

RVR60

PAUL DAVID WASHER

FUNDAMENTOS BÍBLICOS
PARA LA FE CRISTIANA

2

DISCERNIENDO EL PROBLEMA DEL HOMBRE

DISCERNIENDO EL PROBLEMA DEL **HOMBRE**

Título original del libro: *Discerning the Plight of Man*
Título original de la serie: *Biblical Foundations for the Christian Faith*

Traducción al español por Ana Ávila, Annabella Valverde y Jairo Namnún.
Formato y diseño por Jorge A. Rodríguez Vega y Taylor E. Walls.
Editado por Forrest Hite y Elzeline Hite.
Revisión (inglés–español) por Christian Santos y Greter Amaya Valdés.
Lectura de prueba y revisiones por Rayna Hoffman, Merlis Vega Espinal, Javier Martínez Pinto y Luis J. Torrealba.

Publicado por © Editorial Legado Bautista Confesional (Santo Domingo – Ecuador, 2021) en cooperación con HeartCry Missionary Society:
PO Box 3506
Radford, VA 24143
www.heartcrymissionary.com

Traducción de Las Santas Escrituras: *Reina Valera Revisada (1960)*. Miami: Sociedades Bíblicas Unidas, 1998, a menos que se indique otra versión.

Versión RVR60
ISBN 978-9942-8965-3-7
Clasificación Decimal Dewey: 230
Teología Cristiana. Doctrina del Hombre.

Impreso en Estados Unidos.

RECOMENDACIONES

«Paul Washer posee un inusitado don que combina la precisión teológica con una aplicación penetrante que apunta al corazón y busca cambiar la vida. Este manual de discipulado le llevará a una mejor comprensión de temas de importancia crítica que forman el fundamento de su conocimiento de quién es Dios y cómo debemos relacionarnos con Él. Washer hace un trabajo excepcional al magnificar la soberanía de Dios, mientras expone las profundidades deplorables de nuestro pecado. Al hacerlo, este manual magnifica maravillosamente la gracia salvadora y santificadora de Dios de manera que primero humillará su alma y luego hará que su corazón se eleve a las alturas del trono de la gracia. Si lee este manual de discipulado cuidadosamente y responde a sus preguntas con detenimiento, descubrirá un gran progreso en su vida espiritual».

Dr. Steven J. Lawson

Presidente y fundador de OnePassion Ministries

«Lo que tenemos aquí es un manual de discipulado profundamente bíblico sobre la doctrina de la raza humana. Lo tiene todo, y con eso quiero decir: todo —desde la Caída, pasando por nuestra incapacidad moral de buscar a Dios, el odio de Dios por el pecado así como por el pecador, y la realidad y el terror del infierno... Te estoy hablando en serio cuando digo que usaremos este manual para entrenar a nuestra gente en Niddrie Community Church (y más allá). Las verdades duras (durísimas), se hacen comprensibles en este manual y en él no hay un solo golpe dado en falso».

Mez McConnell

Director de 20schemes, autor de *¿Hay alguien ahí fuera?*

«Paul Washer me desafía mucho porque se niega a descuidar la razón de ser de la Iglesia —que estamos aquí para ser un tabernáculo de testimonio en el desierto de este mundo. Que Dios use este libro para recordarnos que el infierno es una realidad y que tenemos la responsabilidad de advertir a todo hombre, para que podamos presentar a todo hombre perfecto en Jesucristo».

Ray Comfort

Fundador y director general de Living Waters

ÍNDICE DE CONTENIDO

INTRODUCCIÓN

Método de estudio

El principal objetivo de este estudio es que el alumno tenga un encuentro con Dios a través de Su Palabra. Basado en la convicción de que las Escrituras son la inspirada e infalible Palabra de Dios, este estudio ha sido diseñado de tal manera que es literalmente imposible que el estudiante avance sin que tenga delante una Biblia abierta. El objetivo es ayudar al lector a obedecer la exhortación del apóstol Pablo en 2 Timoteo 2:15:

> Procura con diligencia presentarte a Dios aprobado, como obrero que no tiene de qué avergonzarse, que usa bien la palabra de verdad.

Cada capítulo trata con un aspecto específico de la doctrina del hombre y su desesperada situación ante un Dios santo. El estudiante completará cada capítulo respondiendo las preguntas y siguiendo las instrucciones de acuerdo con las Escrituras que le sean dadas. Animamos al estudiante a meditar en cada pasaje y escribir sus meditaciones. El beneficio que se obtenga de este estudio dependerá de cuánto invierta el estudiante en este. Si las respuestas del estudiante son dadas sin reflexionar, meramente copiando el texto sin buscar entender su significado, el libro le servirá de muy poco.

Discerniendo el problema del hombre es principalmente un estudio bíblico, y no contiene muchas ilustraciones coloridas, historias pintorescas, o tratados teológicos. El deseo del autor es proveer una obra que simplemente apunte a las Escrituras y permita que la Palabra de Dios hable por sí misma.

Este cuaderno de trabajo puede ser usado de manera individual, en un grupo pequeño, en clases de escuela dominical, o en otros contextos. Se recomienda que el estudiante complete cada capítulo por sí mismo, antes de reunirse para discutir y responder preguntas en grupo o con su líder.

Exhortación al estudiante

Animamos al estudiante a estudiar la doctrina bíblica y descubrir su lugar exaltado en la vida cristiana. El cristiano verdadero no puede soportar o siquiera sobrevivir un divorcio entre las emociones y el intelecto, o entre la devoción a Dios y la doctrina de Dios. De acuerdo con las Escrituras, ni nuestras emociones ni nuestras experiencias proveen un fundamento adecuado para la vida cristiana. Solo las verdades de la Escritura, entendidas con la mente y comunicadas a través de la doctrina, pueden proveer el fundamento en el que debemos establecer nuestras creencias y nuestro comportamiento, y determinar la validez de nuestras emociones y nuestras experiencias. La mente no es el enemigo del corazón, y la doctrina no es un obstáculo para la devoción. Las dos son indispensables y deberían ser inseparables. Las Escrituras nos mandan a amar a Dios con todo nuestro corazón, con toda nuestra alma, y con toda nuestra mente (Mat. 22:37), y adorar a Dios en espíritu y en verdad (Jn. 4:24).

El estudio de la doctrina es una disciplina tanto intelectual como devocional. Es una búsqueda apasionada de Dios que siempre debe llevar al estudiante a una mayor transformación personal, obediencia y adoración genuina. Por lo tanto, el estudiante debe estar atento al gran error de solo buscar conocimiento impersonal, en lugar de buscar a la persona de Dios. Ni la devoción inconsciente ni la mera búsqueda intelectual son provechosas, pues en cada caso perdemos a Dios.

Reina Valera 1960

La Biblia Reina Valera 1960 se requiere para completar este estudio. Esta versión de la Escritura se eligió por las siguientes razones: (1) la firme convicción de sus traductores de que la Biblia es la infalible Palabra de Dios; y (2) su fidelidad a los idiomas originales.

Una palabra del autor

Separados de un entendimiento correcto de la naturaleza y el pecado del hombre, es imposible entender el evangelio de Jesucristo, o apreciar de manera completa la gracia que Dios ha extendido hacia nosotros a través de su magnífica obra. Por tal razón, este cuaderno de trabajo propone poner delante del lector la realidad de la condición caída del hombre y las terribles consecuencias de su pecado. El propósito no es robar la esperanza del corazón del lector, sino apuntar al lector hacia la única esperanza verdadera para el hombre: el evangelio de Jesucristo. En otras palabras, este cuaderno de trabajo lleva al lector a través del oscuro túnel del pecado del hombre, para que él o ella puedan ver con gran claridad la luz de la gracia de Dios.

Me gustaría agradecer a mi esposa Charo por su oportuno ánimo en cada proyecto y a mis cuatro hijos (Ian, Evan, Rowan, y Bronwyn), quienes continúan siendo una gran bendición. También quisiera agradecer a dos de los miembros del equipo de HeartCry: Forrest Hite, por su edición diligente y meticulosa del manuscrito; y Jon Green, por su trabajo con los gráficos, formato y diseño. Sus contribuciones a la legibilidad de esta obra son invaluables. También extiendo mi gratitud a todo el equipo de HeartCry, que ha sido de gran ánimo a través del proceso de escritura y publicación de este libro.

Una nota del editor

Discerniendo el problema del hombre se deriva de la obra de Paul Washer anteriormente publicada, *La verdad acerca del hombre*, que ha sido expandida, revisada y modificada.

Debido a la relación cercana entre ambos libros, aquellos que han estudiado *La verdad acerca del hombre,* probablemente reconocerán una buena cantidad del material en este cuaderno de trabajo. Comparada con su predecesor, esta obra contiene: (1) más de 120 notas completamente nuevas; (2) varios puntos nuevos y puntos secundarios; (3) numerosos cambios y alteraciones tanto al contenido como al formato; y (4) fluidez y legibilidad mejoradas debido a un proceso de edición de varias fases. Creo que *Discerniendo el problema del hombre* será útil para todos, independientemente de si están familiarizados con *La verdad acerca del hombre* o no.

Recursos recomendados para estudios adicionales

En español

Libros

- Anthony Hoekema, *Creados a imagen de Dios* (Grand Rapids, Michigan: Libros Desafío, 2005)
- J. Gresham Machen, *Visión Cristiana del Hombre* (Edinburgh, Scotland: Banner of Truth Trust, 1996)
- Martín Lutero, *La Voluntad Determinada* (St. Louis, Missouri: Editorial Concordia, 2005)
- Richard Barcellos, *El Pacto de Obras* (Santo Domingo, Ecuador: Legado Bautista Confesional, 2020)
- Owen Strachan, *Reembelleciendo a la humanidad: Una teología del ser humano* (Lima, Perú: Editorial Teología Para Vivir, 2020)
- John Owen, *La Mortificación del Pecado* (Graham, North Carolina: Publicaciones Faro de Gracia, 2005). [Esta es una versión abreviada y contiene una guía de estudio]

Secciones de libros

- R. C. Sproul, *Las Grandes Doctrinas de la Biblia* (Miami, Florida: Editorial Unilit, 1996). Parte VI (pág. 137-178).
- Louis Berkhof, *Teología Sistemática* (Grand Rapids, Michigan: Libros Desafío, 2005). Parte Dos, Secciones Uno y Dos (pág. 213-312).
- Juan Calvino, *Institución de la Religión Cristiana* (Grand Rapids, Michigan: Libros Desafío, 2012). Libro I:15-2:6 (pág. 124-264).

Recursos gratuitos

Todos estos recursos pueden ser descargados gratuitamente de la página del ministerio Chapel Library: www.chapellibrary.com

- *La esclavitud de la voluntad (condensado)* por Martin Lutero[1]
- Sermón: *El libre albedrío, un esclavo* por Charles Spurgeon[2]
- Sermón: *La incapacidad humana* por Charles Spurgeon[3]
- Sermón: *Pecadores en las manos de un Dios airado* por Jonathan Edwards[4]
- *Portavoz de la Gracia 29 – Mortificación* (compilación de escritos de diferentes autores)[5]

En inglés

- John Murray, *The Imputation of Adam's Sin* (Nutley, NJ: Presbyterian and Reformed, 1977)
- Cornelius Plantinga, Jr., *Not the Way It's Supposed to Be* (Grand Rapids, Michigan: Eerdmans Publishing Company, 1996)
- Ralph Venning, *The Sinfulness of Sin* (Edinburgh, Scotland: The Banner of Truth Trust, 1993)
- Thomas Boston, *Human Nature in Its Fourfold State* (Edinburgh, Scotland: Banner of Truth Trust, 1964)

---

[1] https://www.chapellibrary.org/book/botws/la-esclavitud-de-la-voluntad--condensado-luthermartin

[2] https://www.chapellibrary.org/book/fwass/el-libre-albedrio--un-esclavo-spurgeoncharlesh

[3] https://www.chapellibrary.org/book/hinas/la-incapacidad-humana-spurgeoncharlesh

[4] https://www.chapellibrary.org/book/siths/pecadores-en-las-manos-de-un-dios-airado

[5] https://www.chapellibrary.org/book/mortfgs/mortificacion

PROGRAMA DE ESTUDIO SUGERIDO

Semana 1: La creación y la Caída del hombre

Día 1: Prefacio
Día 2: Lección 1
Día 3: Lección 2
Día 4: Lección 3
Día 5: Lección 4

Semana 2: La verdad acerca del hombre, Parte 1

Día 1: Lección 5, Sección 1
Día 2: Lección 5, Sección 2
Día 3: Lección 6, Puntos principales 1-2
Día 4: Lección 6, Puntos principales 3-4
Día 5: Lección 7

Semana 3: La verdad acerca del hombre, Parte 2

Día 1: Lección 8
Día 2: Lección 9
Día 3: Lección 10
Día 4: Lección 11, Sección 1
Día 5: Lección 11, Sección 2

Semana 4: La disposición de Dios hacia el pecador

Día 1: Lección 12
Día 2: Lección 13
Día 3: Lección 14
Día 4: Lección 15
Día 5: Lección 16

Semana 5: Los juicios de Dios en la vida del pecador

Día 1: Lección 17, Sección 1
Día 2: Lección 17, Sección 2
Día 3: Lección 18
Día 4: Lección 19, Puntos principales 1-2
Día 5: Lección 19, Puntos principales 3-5

Semana 6: El juicio de Dios de la muerte

Día 1: Lección 20
Día 2: Lección 21, Sección 1
Día 3: Lección 21, Sección 2
Día 4: Lección 22, Sección 1
Día 5: Lección 22, Sección 2

Semana 7: Juicio final, infierno, y la esperanza del evangelio

Día 1: Lección 23
Día 2: Lección 24, Secciones 1-2
Día 3: Lección 24, Secciones 3-4
Día 4: Lección 25
Día 5: Lección 26

PREFACIO

Explicación del propósito

Antes de que el estudiante empiece a trabajar con este manual, él o ella deben entender algo acerca de su contenido y propósito. En este estudio consideraremos el pecado del hombre y la respuesta de un Dios santo contra él. Intentaremos sondear las profundidades de la depravación moral del hombre y los actos de pecado que resultan de aquello en lo que el hombre se ha convertido. También consideraremos la respuesta de Dios hacia el hombre en este estado caído y rebelión continua. Finalmente, nos concentraremos en la hostilidad del hombre hacia Dios y en el juicio de Dios contra el pecador, con poca referencia al amor de Dios y Su obra redentora en Cristo. El motivo de esta inusual omisión se divide en cuatro partes para que el estudiante pueda entender: (1) la horrible condición moral del hombre separado de la gracia de Dios; (2) el terrible apuro en que se encuentra el hombre delante de la justicia y la ira de Dios; (3) el grado en el que la justicia de Dios debía ser satisfecha para propiciar (aplacar) Su ira; y (4) la gracia de Dios hacia el pecador que ha sido revelada a través del evangelio de Jesucristo desde una mejor perspectiva.

Por las razones mencionadas no será fácil trabajar en este manual. Cada página nos llevará a través de un túnel angosto que se hará más oscuro con cada paso que demos, hasta que nos encontremos acercándonos al mismísimo infierno. Veremos al hombre como quizá nunca antes lo hemos visto, y trataremos ciertos aspectos de Dios que frecuentemente son evitados y pocas veces son proclamados con claridad.

Este manual es una marcha forzada a través de la herida abierta de la corrupción moral del hombre. Es un llamado a contemplar a Dios en toda Su furia contra el pecado y el pecador. Es una necesidad oscura a través de la cual debemos caminar, para que podamos apreciar la luz cuando llegue. ¡Solo al contemplar al hombre en su completa pecaminosidad y a Dios en su perfecta justicia y juicio, podremos apreciar verdaderamente el amor de Dios que nos envió a un Salvador!

> Nunca tendremos un concepto adecuado de la grandeza de esta salvación hasta que nos demos cuenta en alguna medida de lo que éramos antes de que Su enorme poder nos abrazara, a menos que nos demos cuenta de lo que todavía seríamos si Dios no hubiera intervenido en

nuestras vidas para rescatarnos. En otras palabras, necesitamos darnos cuenta de la profundidad del pecado, de lo que el pecado significa y de lo que ha hecho a la raza humana.[6]

Sin conocimiento de nuestra infidelidad y rebelión nunca llegaremos a conocer a Dios como el Dios de gracia y verdad. Sin conocimiento de nuestro orgullo nunca lo conoceremos en Su grandeza, ni iremos a Él buscando la sanidad que necesitamos. Cuando estamos enfermos físicamente y lo sabemos, buscamos un doctor y seguimos su receta médica para curarnos. Pero si no supiéramos que estamos enfermos no buscaríamos ayuda y bien pudiéramos perecer por la enfermedad. Espiritualmente sucede lo mismo. Si creemos que estamos bien, nunca aceptaremos la cura de Dios; pensamos que no la necesitamos. Pero si por la gracia de Dios somos conscientes de nuestra enfermedad —de hecho, de algo peor que una enfermedad, de muerte espiritual en lo que respecta a cualquier respuesta significativa a Dios— entonces tendremos una base para entender el significado de la obra de Cristo a nuestro favor, y podremos abrazarlo como Salvador y ser transformados por Él.[7]

No hay mejor manera de probar nuestro entendimiento de la doctrina cristiana de la salvación que examinar nuestro entendimiento de la verdadera naturaleza del pecado.[8]

Recomendación adicional

Finalmente, se recomienda mucho que los estudiantes de alguna manera unan este cuaderno de trabajo con el anterior, *Descubriendo el glorioso evangelio*. Como se mencionó anteriormente, *Discerniendo el problema del hombre* contiene muchas verdades difíciles y pocas verdades reconfortantes. Con este manual, se espera que el estudiante se dé cuenta de la naturaleza verdaderamente desesperada de su problema, debido a su propia maldad y corrupción moral, y a la justicia y el juicio de Dios. En *Descubriendo el glorioso evangelio*, sin embargo, el estudiante aprende que el Dios de justicia e ira también es un Dios de amor, que ha hecho lo incomprensible al enviar a Su Hijo para reconciliar al hombre caído y transformarlo en un hijo de Dios. Por lo tanto, uno podría inclinarse excesivamente a la desesperación si solo se concentra en las verdades bíblicas expuestas en este manual, sin considerar seriamente la esperanza gloriosa del evangelio.

---

[6] Dr. Martyn Lloyd-Jones, *Ephesians* [Efesios], Vol.2, p.14

[7] James Montgomery Boyce, *Foundations of the Christian Faith* [Fundamentos de la fe cristiana], p.198

[8] Dr. Martyn Lloyd-Jones, *Romans* [Romanos], Vol.6, p.119

Parte Uno

La Creación y la Caída del Hombre

DISCERNIENDO EL PROBLEMA DEL HOMBRE

Lección 1

La Creación del Hombre

Las Escrituras nos enseñan que el hombre no es un accidente ni el resultado de un proceso irracional; más bien, el hombre es la obra creativa del Dios eterno. Después de que Dios creó todas las demás criaturas, formó al primer hombre, Adán, del polvo de la tierra. Luego, Dios sopló aliento de vida en la nariz de Adán y él fue un ser viviente. De Adán, Dios formó a Eva, la mujer, para ser su compañera y ayuda. Se les ordenó que se multiplicaran y llenaran la tierra, que había sido puesta bajo su dominio. Toda la humanidad encuentra su ancestro común en la unión de Adán y Eva.

La Escritura es clara en que tanto el hombre como la mujer fueron creados *por* Dios y *para* Dios, y encuentran el significado de su existencia solo en amarlo a Él, glorificarlo a Él, y hacer Su voluntad. A diferencia de todas las demás criaturas, ellos fueron hechos a *imago dei* — imagen de Dios— y se les concedió el privilegio de vivir en una relación personal y continua con Él.

Estas verdades son de gran importancia para nosotros porque definen quiénes somos y el propósito para el que fuimos creados. No somos los autores de nuestra propia existencia; fuimos traídos a existencia por el poder de Dios y Su misericordiosa voluntad. No nos pertenecemos a nosotros mismos, sino que Dios nos hizo para Sus propósitos y buena voluntad. Buscar separarnos de Dios es intentar arrancarnos de la vida misma. Vivir independientemente de Su persona y voluntad es negar el propósito por el cual fuimos creados.

1. En el segundo capítulo de Génesis se encuentra el relato de la Escritura sobre la creación del hombre. Resume el relato como se describe en Génesis 2:7. ¿Qué nos comunica este pasaje acerca del origen del hombre y su relación con Dios?

....

....

....

NOTA: En este pasaje se revela tanto la gloria como la humildad del hombre. La gloria del hombre se revela en que su creación fue el resultado de un acto especial y personal de Dios. La humildad del hombre se revela en que fue creado del polvo de la tierra; por lo tanto, su existencia y gloria dependen completamente de Dios. Separado de Dios, el hombre es poco más que polvo sin vida.

2. En el segundo capítulo de Génesis también se encuentra el relato de la Escritura sobre la creación de la primera mujer, Eva. Resume este relato como se describe en Génesis 2:21-23. ¿Qué nos comunica este pasaje acerca del origen de la mujer y su relación con Dios y con el hombre?

....

....

....

....

....

NOTA: A diferencia del hombre, quien fue creado del polvo de la tierra, la mujer fue creada del hombre. Este hecho trasmite varias verdades importantes, las más prominentes son: (1) de la misma manera que el hombre, la mujer fue creada en un acto especial y personal de Dios, por lo tanto, es igual al hombre ante de Dios; y (2) aunque a la mujer le fue dado un rol diferente al del hombre (Gén. 2:20), ambos son interdependientes. El apóstol Pablo escribe: «Pero en el Señor, ni el varón es sin la mujer, ni la mujer sin el varón; porque así como la mujer procede del varón, también el varón nace de la mujer; pero todo procede de Dios» (1 Cor. 11:11-12).

3. Habiendo establecido la verdad de que el hombre es la obra creativa de Dios, debemos ahora considerar su excepcionalidad dentro del resto de la creación. De acuerdo con las siguientes frases de Génesis 1:26, ¿cómo el hombre es extraordinario comparado con el resto de la creación?

   a. Hagamos al hombre

   ....

   ....

   ....

   ....

NOTA: Dios no dijo «Haya», como con el resto de la creación (vv. 3, 6, 14); más bien, dijo, «Hagamos». Esto trasmite la idea de una relación personal mayor. La forma plural en la palabra «Hagamos» y la frase «nuestra imagen» han llevado a mucha especulación. Ya que ni el texto ni el contexto revelan la respuesta, debemos proceder con precaución. Podemos, sin embargo, hacer las siguientes declaraciones. *Primero,* probablemente no es una referencia a los ángeles o a alguna corte angelical, pues el acto de creación siempre se atribuye exclusivamente a Dios. *Segundo,* podría revelar la mente de Dios y respaldar la verdad de que la creación es resultado solo del decreto de Dios. *Tercero,* podría ser la primera revelación de las Escrituras con respecto a la pluralidad de personas en la Trinidad: Padre, Hijo y Espíritu Santo. Ciertamente no estaríamos contradiciendo el resto de la Escritura, que ve la creación como obra del Padre, del Hijo (Jn. 1:1-3; Col. 1:16) y del Espíritu (Gén. 1:2).

b. A nuestra imagen

....

....

....

....

....

NOTA: Dios no dijo, «según su género», como con el resto de la creación (vv. 11-12, 21, 24-25); más bien, dijo «a nuestra imagen». La humanidad es única entre la creación en que solo ella lleva la *imago dei* o «imagen de Dios». La «imagen de Dios» puede referirse a varios conceptos. *Personalidad:* Adán y Eva eran criaturas personales y conscientes de sí mismas. No eran meros animales controlados por sus instintos o máquinas programadas para responder a cierto estímulo. *Espiritualidad:* las Escrituras declaran que «Dios es Espíritu» (Jn. 4:24), así que es razonable esperar el mismo atributo en el hombre, que fue creado a imagen de Dios. Adán y Eva eran más que barro animado. Eran espirituales, dotados con una capacidad genuina de conocer a Dios, tener comunión con Dios y responder a Dios en obediencia, adoración y acción de gracias. *Conocimiento:* en Colosenses 3:10, las Escrituras describen un aspecto de estar hechos a imagen de Dios como tener un «conocimiento pleno» de Dios. Esto no significa que Adán y Eva supieran todo lo que puede ser conocido acerca de Dios; una criatura finita nunca puede comprender completamente a un Dios infinito. Más bien, significa que el conocimiento que poseían era puro. *Autodeterminación o voluntad:* Adán y Eva fueron creados con una voluntad. Poseían el poder de la autodeterminación, y les fue concedida la libertad de elegir. *Inmortalidad:* aunque Adán y Eva fueron creados (por lo tanto tuvieron un principio), y aunque cada momento de su existencia dependía de la bondad de su Creador, fueron dotados de un alma inmortal; una vez creados, nunca dejarían de existir.

La inmortalidad del alma debe llevar a todos los hombres a considerar cuidadosamente la asombrosa responsabilidad de la autodeterminación. Ya que el alma es eterna, las decisiones que tomamos tendrán consecuencias eternas de las que no hay escapatoria.

c. Y señoree

....

....

....

....

....

NOTA: Al hombre y la mujer se les dio el privilegio y la responsabilidad de gobernar sobre toda la creación como vice-regentes de Dios. Su gobierno no sería independiente del gobierno de Dios, sino en perfecta conformidad a su voluntad. Ellos gobernarían para el beneficio y cuidado de la creación, y para la gloria de Dios.

4. En Génesis 1:26, aprendimos que el hombre es excepcional dentro del resto de la creación, ya que solo él fue creado a imagen de Dios. En las siguientes Escrituras descubriremos que, aunque el hombre es excepcional, comparte un mismo propósito con el resto de la creación: el hombre no fue hecho para sí mismo, sino para la gloria y buena voluntad de Dios. ¿Qué nos enseñan las siguientes Escrituras acerca del propósito principal de la creación?

   a. Salmo 104:31-35

....

....

....

....

....

NOTA: El gran objetivo del hombre no es esforzarse de manera independiente de Dios para obtener su propia felicidad personal. El hombre fue creado para el placer o satisfacción de Dios. El gran objetivo del hombre es hacer la voluntad de Dios y en ello encontrar el significado de su propia existencia y el deleite pleno.

b. Romanos 11:36

....

....

....

....

NOTA: Aquí el apóstol Pablo dibuja un círculo perfecto: la vida del hombre se origina en Dios, continúa a través de Dios y alcanza su objetivo final al traer gloria, honra y alabanza a Dios.

c. Colosenses 1:16

....

....

....

....

NOTA: Es importante entender que este versículo se refiere específicamente al Hijo de Dios. Fue la buena voluntad de Dios crear al mundo a través de su Hijo y para su Hijo. En la pequeña preposición «para» encontramos el significado de nuestra existencia misma. El hombre, junto con el resto de la creación, fue hecho para Dios, Su gloria y Su deleite.

5. Las Escrituras enseñan que el hombre y la mujer fueron creados por Dios y para Dios; ellos encuentran el sentido de su existencia solo al amar a Dios, glorificarlo y hacer Su voluntad. No somos los autores de nuestra propia existencia; fuimos traídos a existencia por la voluntad misericordiosa de Dios y Su poder. No nos pertenecemos a nosotros mismos, sino a Dios, quien nos hizo para Sus propios propósitos y Su deleite. A la luz de estas grandes verdades, ¿cómo debe responder la humanidad? Escribe tus reflexiones sobre las respuestas adecuadas que se enumeran abajo y las Escrituras de donde se obtuvieron.

   a. Reverencia (Sal. 33:6-9)

....

....

....

....

b. Adoración (Sal. 95:6)

....

....

....

....

....

c. Servicio (Sal. 100:2-4)

....

....

....

....

....

d. Amor (Mr. 12:30)

....

....

....

....

....

e. Gloria y honor (1 Cor. 10:31)

....

....

....

....

....

La Caída de Adán

De acuerdo con Su propósito y buena voluntad, Dios creó a Adán y Eva y les ordenó no comer del árbol del conocimiento del bien y el mal. La obediencia al mandamiento los llevaría a tener una vida de comunión gozosa con Dios y dominio continuo sobre la creación. La desobediencia al mandamiento los llevaría a la muerte espiritual y física, con todos los males que lo acompañan.

De acuerdo con las Escrituras, Adán y Eva fueron tentados y desobedecieron el mandamiento. Por su desobediencia, su comunión con Dios fue rota y cayeron de su estado original de justicia y santidad. Estas devastadoras consecuencias de la desobediencia de Adán no estuvieron limitadas solo a él, sino que resultaron en la caída de toda la raza humana. Aunque las Escrituras no revelan todo el misterio que rodea esta gran verdad, sí afirman que el pecado y la culpa de Adán han sido imputados o acreditados a todos sus descendientes, y que todos los hombres —sin excepción— ahora nacen llevando la naturaleza caída de Adán y exhibiendo su hostilidad contra Dios.

1. En Génesis 2:16-17 encontramos el mandamiento y la advertencia que fueron dados a Adán. Lee el texto hasta que estés familiarizado con su contenido, luego responde las siguientes preguntas:

   a. De acuerdo con el versículo 16, ¿qué privilegio dio Dios a Adán? ¿Cómo demuestra este privilegio que Dios tenía cuidado de Adán y no era indiferente a sus necesidades?

   ....

   ....

   ....

   ....

   ....

b. De acuerdo con el versículo 17, ¿qué prohibición se le dio a Adán? ¿Qué se le prohibió hacer?

....

....

....

....

....

c. De acuerdo con el versículo 17, ¿cuál sería el castigo por desobedecer el mandamiento de Dios?

....

....

....

....

....

NOTA: El castigo por el pecado de Adán sería la muerte. Esta muerte no sería solo física sino también espiritual. Él se volvería sensible a toda clase de estímulos perversos, tanto humanos como demoniacos, e insensible a la persona y voluntad de Dios. Esta verdad será considerada a mayor profundidad en los capítulos 6-9.

2. En Génesis 3:1-6, se encuentra el relato bíblico sobre la tentación de Adán y Eva para desobedecer el mandamiento de Dios. Lee el texto hasta que estés familiarizado con su contenido, luego responde las siguientes preguntas:

   a. En el versículo 1, las Escrituras declaran que una serpiente verdadera tentó a Eva. De acuerdo con Apocalipsis 12:9 y 20:2, ¿quién era el que estaba obrando en y a través de la serpiente?

....

....

....

....

....

b. De acuerdo con los versículos 4-5, ¿qué promesa hizo Satanás a Eva?

....

....

....

....

NOTA: Es útil notar la astucia y sutileza con la que Satanás desarrolló su argumento. Primero, distorsionó la Palabra de Dios para negar la bondad de Dios: «¿Conque Dios os ha dicho: No comáis de *todo* árbol del huerto?» (v.1). Luego, negó totalmente la Palabra de Dios: «No moriréis» (v.4). Finalmente, prometió a Eva que sería como Dios, conociendo el bien y el mal (v.5).

c. De acuerdo con el versículo 6, ¿cómo respondieron Eva y su esposo Adán a la tentación de Satanás a través de la serpiente?

....

....

....

....

NOTA: Su respuesta es una poderosa ilustración de las siguientes advertencias de las Escrituras: (1) «Porque todo lo que hay en el mundo, los deseos de la carne, los deseos de los ojos, y la vanagloria de la vida, no proviene del Padre, sino del mundo» (1 Jn. 2:16); y (2) «sino que cada uno es tentado, cuando de su propia concupiscencia es atraído y seducido. Entonces la concupiscencia, después que ha concebido, da a luz el pecado; y el pecado, siendo consumado, da a luz la muerte» (Sant. 1:14-15).

3. Los resultados inmediatos de la desobediencia de Adán y Eva se registran en Génesis 3:7-10. Lee el texto varias veces hasta que estés familiarizado con su contenido y luego escribe tus reflexiones acerca de las siguientes porciones. ¿Cuáles fueron los resultados inmediatos de su desobediencia?

a. Versículo 7

....

....

....

b. Versículos 8-10

....

....

....

NOTA: Con un acto de desobediencia, Adán y Eva cayeron de su estado original de justicia a la corrupción moral. Sus corazones y mentes ya no eran puros, sino que se contaminaron y llenaron de vergüenza. Las vestiduras hechas de hojas de higuera fueron débiles intentos de esconder su pecado y corrupción. El pecado siempre resulta en miedo y separación de Dios. El hombre pecador huye de la presencia santa de Dios y teme su justo juicio.

4. Habiendo considerado los resultados inmediatos de la desobediencia de Adán, ahora consideraremos los juicios divinos que cayeron sobre la serpiente, sobre Eva y sobre Adán. Lee Génesis 3:14-24, luego describe estos juicios que nos han afectado a todos.

   a. El juicio divino sobre la serpiente (vv.14-15)

....

....

....

....

NOTA: El juicio divino que cae sobre la serpiente es uno de continua humillación, vergüenza y desprecio. El juicio no se limita a la serpiente física, sino que también alcanza al ser espiritual caído que obró en y a través de esta: Satanás.

   b. El juicio divino sobre la mujer (v.16)

....

....

....

NOTA: La frase «tu deseo será para tu marido», podría denotar lo siguiente: (1) la relación de la mujer con su marido estaría marcada por deseo y falta de contentamiento; (2) la mujer, que buscó independencia de Dios, ahora tendría un deseo desordenado o ansia por el hombre; y (3) la relación entre el hombre y la mujer estaría marcada por el conflicto. La mujer «desearía» dominar a su marido, y el marido a su vez se aprovecharía de su autoridad sobre ella.

c. El juicio divino sobre el hombre (vv.17-19)

....

....

....

....

NOTA: El juicio que cayó sobre el hombre puede ser resumido en tres palabras: trabajo, inutilidad y muerte. Este ha sido el problema del hombre en cada generación desde entonces. Incluso los más poderosos y ricos de los hombres han sido incapaces de escapar de este juicio. A pesar de sus hazañas, todos han inclinado su cabeza al morir y han perdido todo lo que han ganado.

5. Aunque la historia de Adán y Eva es más que trágica, no termina sin esperanza. En Génesis 3:15, en medio del juicio divino sobre la serpiente, se encuentra una de las más grandes promesas de salvación en toda la Biblia. Muchos eruditos bíblicos se refieren a esta promesa como el *protevangelium* [latín: *proto* = primero + *evangelium* = evangelio]. Medita sobre este texto, luego describe y explica la promesa que se encuentra en medio del juicio.

....

....

....

....

....

....

....

....

NOTA: Jesucristo es la «simiente» o la descendencia de María. En la cruz, Satanás hirió el calcañar de Cristo (*i.e.* Cristo fue herido, pero no mortalmente; Él se levantó de los muertos). Sin embargo, a través de la misma cruz, Cristo hirió a Satanás en la cabeza (*i.e.* Satanás fue herido mortalmente; ha sido derrotado para siempre). Ver también Mateo 12:29; Marcos 1:24; Lucas 10:18; Juan 12:31; 16:11; I Corintios 15:24; Colosenses 2:15; Hebreos 2:14; I Juan 3:8.

DISCERNIENDO EL PROBLEMA DEL HOMBRE

Lección 3

Preguntas Importantes acerca de la Caída

El relato bíblico de la Caída de Adán, nos da la única explicación adecuada del presente estado caído del hombre y de la maldad que nos rodea. También, sobre este trasfondo oscuro, las glorias de la misericordia y la gracia de Dios aparecen. Solo en el grado en que entendamos la tragedia de Adán y su condenación, podemos comprender algo acerca de las glorias de Cristo y Su evangelio.

En nuestro estudio sobre la Caída, nos enfrentamos con algunos de los conceptos teológicos más importantes y complejos de toda la Escritura: el origen del mal, la naturaleza de la libertad humana, la soberanía de Dios y Su propósito eterno. Aunque lo que sabemos acerca de estos asuntos siempre estará mezclado con cierto grado de misterio, es necesario que nos dispongamos a conocer lo que podamos. En el siguiente capítulo abordaremos tres preguntas: *primero,* ¿cómo pudo caer Adán —un ser recto y santo—?; *segundo,* ¿ordenó Dios la Caída?; *tercero,* ¿cuál es el propósito eterno de Dios en la Caída?

¿Cómo pudo caer Adán?

Las Escrituras afirman que la Caída no fue por culpa del Creador. Todas las obras de Dios son perfectas (Deut. 32:4); Él no puede ser tentado por el pecado ni tienta a nadie (Sant. 1:13). La culpa de la Caída está solamente sobre los hombros de Adán. Como declara Eclesiastés 7:29: «He aquí, solamente esto he hallado: que Dios hizo al hombre recto, pero ellos buscaron muchas perversiones».

De esta verdad surge uno de los problemas teológicos más grandes de todas las Escrituras: ¿Cómo es posible que una criatura hecha a imagen de Dios eligiera el mal y el pecado? Adán y Eva tenían una verdadera inclinación hacia el bien, y no había nada corrupto o malvado en ellos que los atrajera a la tentación. La explicación de cómo seres tan justos podían elegir el mal sobre el bien y preferir las palabras de la serpiente a los mandamientos de su Creador, está más allá de la comprensión humana.

Han habido muchos intentos a través de la historia de explicar la Caída de Adán, pero ninguno está libre de limitaciones. Debemos, entonces, estar satisfechos con la simple verdad de la Escritura de que, aunque Dios hizo al hombre recto y santo, él era finito y mutable (es decir, sujeto al cambio) y capaz de tomar una decisión contraria a la voluntad de Dios.

¿Ordenó Dios la Caída?

La palabra «ordenar» significa «poner en orden, disponer, o designar». Entonces, preguntar si Dios ordenó la Caída es preguntar si Él la dispuso o la designó. Otras palabras que llevan un significado similar son «decretar», «predeterminar», y «predestinar». ¿Decretó o determinó Dios de antemano que la Caída debía ocurrir? La respuesta a esta pregunta es «sí», pero debemos tener mucho cuidado al entender lo que esto significa y lo que no significa.

Que Dios haya ordenado la Caída *no significa* que Él obligó a Satanás a tentar a nuestros primeros padres o que forzó a Adán y Eva a ignorar Su mandamiento. Lo que las criaturas de Dios hicieron, lo hicieron voluntariamente. Dios es santo, justo y bueno. Él no es el autor del pecado; Él no peca; Él no puede ser tentado por el pecado, y Él no tienta a nadie a pecar.

Que Dios haya ordenado la Caída *sí significa* que ciertamente iba a suceder. Era la voluntad de Dios que Adán fuera probado, y era la voluntad de Dios permitir que Adán actuara por sí mismo sin la ayuda divina que lo hubiera librado de caer. Dios pudo haber impedido que Satanás pusiera la tentación delante de Eva, o pudo haber dado a Adán gracia sustentadora especial frente a tal tentación para capacitarlo a fin de tener victoria sobre esta. Sin embargo, por el testimonio de la Escritura, entendemos que no lo hizo.

Finalmente, que Dios haya ordenado la Caída *también significa* que era parte de su plan eterno. Desde antes de la fundación del mundo, antes de la creación de Adán, Eva y la serpiente que los tentó, antes de la existencia de cualquier jardín o árbol, Dios ordenó la Caída para Su gloria y para el bien mayor de Su creación. Él simplemente no permitió que nuestros primeros padres fueran tentados y luego esperó para reaccionar a cualquiera que fuera la elección que hubieran tomado. Él no observó sencillamente a través de los «corredores del tiempo» y vio la Caída. Más bien, la Caída siempre fue parte del plan eterno de Dios, y Él predeterminó o predestinó que realmente sucedería. Hay una pregunta que surge inmediatamente de una declaración como esta:

¿Dios es el autor del pecado?

Esta pregunta puede y debe ser contestada con un rotundo *no*. Dios no es el autor del pecado, ni tampoco obliga al hombre a pecar contra Él. Aunque Él predeterminó que la Caída debía suceder, también predeterminó que debía suceder a través de las acciones voluntarias de Satanás, Adán y Eva. Nuestras mentes finitas no pueden comprender completamente cómo es que Dios puede ser absolutamente soberano sobre todo evento de la historia y sobre cada acto individual sin eliminar la libertad individual; sin embargo, en las Escrituras abundan los ejemplos que demuestran que esto es cierto. José fue vendido como esclavo como resultado del pecado voluntario de sus hermanos; sin embargo, cuando la historia final fue contada, José declaró: «Vosotros pensasteis mal contra mí, *mas Dios lo encaminó a bien*, para hacer lo que vemos hoy, para mantener en vida a mucho pueblo» (Gén. 50:20). El Hijo de Dios fue crucificado como resultado del pecado voluntario del hombre y su hostilidad contra Dios; no obstante, Dios había ordenado la muerte de Cristo desde antes de la fundación del mundo.

> «A este, entregado por el determinado consejo y anticipado conocimiento de Dios, prendisteis y matasteis por manos de inicuos, crucificándole» (Hch. 2:23).

> «Porque verdaderamente se unieron en esta ciudad contra tu santo Hijo Jesús, a quien ungiste, Herodes y Poncio Pilato, con los gentiles y el pueblo de Israel, para hacer cuanto tu mano y tu consejo habían antes determinado que sucediera» (Hch. 4:27-28).

En las Escrituras, vemos que Dios verdaderamente ordena que los eventos ocurran y hace que sucedan a través del pecado voluntario del hombre, sin ser el autor de su pecado ni obligarlos a hacer lo que es contrario a su voluntad. Hombres impíos voluntariamente clavaron a Jesucristo en la cruz y fueron responsables de sus acciones, pero el evento entero fue de acuerdo con el plan predeterminado de Dios. La caída de Satanás y la posterior caída de la raza humana a través de Adán y Eva fueron resultado del propio pecado de las criaturas, por el cual solamente ellas son responsables; sin embargo, los eventos sucedieron de acuerdo con el plan ordenado, predeterminado y predestinado por Dios. Él ha decretado un gran y eterno propósito para Su creación, y ha ordenado todo evento en la historia; a través de estos Su propósito se está cumpliendo. Nada, ni siquiera la caída del hombre o la muerte del Hijo de Dios, ocurre separado del decreto soberano de Dios.

> «¡Oh profundidad de las riquezas de la sabiduría y de la ciencia de Dios! ¡Cuán insondables son sus juicios, e inescrutables sus caminos! Porque ¿quién entendió la mente del Señor? ¿O quién fue su consejero? ¿O quién le dio a él primero, para que le fuese recompensado? Porque de él, y por él, y para él, son todas las cosas. A él sea la gloria por los siglos. Amén» (Rom. 11:33-36).

¿Cuál es el propósito eterno de Dios en la Caída?

Habiendo demostrado que la Caída fue resultado de la desobediencia voluntaria de las criaturas, pero que también fue de acuerdo con el eterno propósito de Dios, ahora es necesario que nos dispongamos a conocer ese propósito. A la luz del mal y el sufrimiento que ha resultado de la Caída, puede ser difícil aceptar que hay algún buen propósito. Sin embargo, el decreto de Dios nos asegura que así es.

Sabemos por las Escrituras que la creación del universo, la Caída del hombre, la nación de Israel, la cruz de Cristo, la Iglesia y el juicio de las naciones, tiene todo un gran propósito final: que la plenitud de los atributos de Dios sea revelada a Su creación para que así puedan conocerlo, glorificarlo y disfrutarlo completamente como Dios.

La completa revelación de los atributos de Dios

Dios creó el universo para que fuera el escenario en el que Él desplegara la gloria infinita de Su persona y Sus atributos, para que Él pudiera ser completamente conocido, adorado y disfrutado por su creación. Muchos han dicho que la Caída del hombre es el cielo completamente oscuro, sobre el cual las estrellas de los atributos de Dios brillan con la mayor intensidad de gloria. Solo a través de la Caída y la llegada del mal, la plenitud del carácter de Dios puede ser verdaderamente conocida.

Cuando el cristiano adora a Dios, ¿cuáles son los atributos que más atesora? ¿No son la misericordia, la gracia y el amor incondicional de Dios? ¿No son estos los atributos divinos más exaltados en todos los grandes himnos de la Iglesia? ¿Cómo podrían ser conocidos estos atributos si no fuera por la caída del hombre? El amor incondicional solo puede ser otorgado a los hombres que no merecen ser amados. La misericordia solo puede ser derramada desde el trono de Dios sobre hombres que merecen ser condenados. La gracia solo puede ser concedida a hombres que no han hecho nada para ganársela. Nuestra condición caída es por culpa nuestra, y somos obligados a tomar completa responsabilidad por esta. Sin embargo, es en el oscuro escenario de nuestra caída, que la gracia y la misericordia de Dios toman el lugar central y brillan delante de una audiencia de hombres y ángeles. En la salvación de hombres caídos, la sabiduría, la gracia y la misericordia de Dios son reveladas; no solo a los hombres, sino también a todo ser creado en el cielo, la tierra y el infierno (Ef. 2:7; 3:10).

La completa revelación de las glorias de Cristo

La más grandiosa obra de Dios es la muerte y resurrección de Su Hijo para la salvación de Su pueblo. Sin embargo, si el hombre no hubiera caído, no hubiera habido ni Calvario ni Salvador. Esta verdad, que nos explica más quién es Dios (Jn. 1:18), nos acerca a Él (Jn. 12:32) y hace que Lo amemos (1 Jn. 4:10, 19), sería desconocida para nosotros. ¿Qué tomaría su lugar? ¿Qué otro medio podría haber sido usado para demostrar las inmensurables misericordias de Dios? Cristo crucificado es el gran tema de todo himno, sermón, conversación y pensamiento cristiano digno. Sin la Caída, la redención nos sería desconocida. Seríamos como los ángeles, anhelando mirar algo que nunca experimentaríamos ni podríamos experimentar (1 Ped. 1:12).

Es un error y casi una blasfemia siquiera insinuar que la cruz de Cristo fue un mero «Plan B», empleado solo por la decisión equivocada de Adán en el jardín. La cruz es el evento principal al que apunta toda otra obra de la providencia de Dios. Todas las cosas quedan bajo su sombra. En un sentido, la cruz fue necesaria debido a la Caída; sin embargo, en otro sentido, ¡la Caída fue necesaria para que las glorias de Dios en la cruz de Cristo pudieran ser completamente conocidas!

La completa revelación de la dependencia de la criatura

Una de las verdades acerca de Dios que provoca más humildad y asombro, es que Él es absolutamente libre de cualquier necesidad o dependencia. Su existencia, el cumplimiento de Su voluntad y Su deleite no dependen de nada ni nadie fuera de Sí mismo. Él es el único ser que es verdaderamente autoexistente, autosustentable, autosuficiente, independiente y libre. Todos los otros seres obtienen su vida y bendición de Dios; pero todo lo que es necesario para la existencia y perfecta felicidad de Dios se encuentra en Él.

La existencia del universo requiere no solo el acto inicial de la creación, sino también el continuo poder de Dios para sostenerlo. Si Él retirara su poder por tan solo un momento, todo sería caos y destrucción. La misma verdad puede ser aplicada al carácter de los seres morales, ángeles u hombres. Adán en el Edén y Satanás en el cielo, aunque fueron creados justos y santos, no podían permanecer sin la gracia sustentadora del Dios Todopoderoso. ¿Cuánto menos somos nosotros capaces de permanecer, y cuánto más rápido caeríamos sin la misma gracia sustentadora? La Caída, por lo tanto, nos trae el más grande ejemplo de nuestra continua necesidad de Dios. Si no podemos prolongar nuestra existencia más allá de nuestro próximo aliento sin la preservación de Dios, ¿cuánto menos somos capaces de mantener cualquier grado de justicia delante de Él apartados de su gracia?

La Caída de la Humanidad

Verdades bíblicas acerca de la Caída

Las Escrituras afirman tres verdades muy importantes acerca de la Caída de Adán y sus devastadores efectos sobre toda la raza humana. Fuera de estas verdades es imposible explicar la corrupción moral de la humanidad y la presencia universal de la maldad en un mundo que fue creado bueno. Mencionamos a continuación estas verdades fundamentales.

1. Dios hizo a Adán para ser el representante (o cabeza) de toda la raza humana. Como cabeza, Adán actuó en representación de toda la humanidad, y las consecuencias de sus acciones nos afectan a todos.
2. Dios imputó el pecado de Adán a todos los hombres. Las palabras «imputar» e «imputación» vienen del verbo en latín *imputare*, que significa «considerar, contar, atribuir o cargar a la cuenta». Con respecto a la Caída, significa que Dios atribuye o carga el pecado de Adán a la cuenta de todo hombre. Todos los hombres, desde su nacimiento, son considerados y tratados como pecadores por causa del pecado de Adán. Todos los hombres llevan la culpa y la paga del pecado de Adán.
3. Dios entregó a todos los hombres a la corrupción moral. La paga del pecado de Adán no solo fue la muerte, sino también la corrupción moral; él cayó de su estado original de justicia y se volvió una criatura moralmente corrupta. Debido a que todos los hombres llevan la culpa del pecado de Adán, también llevan la paga: muerte y corrupción moral. Cada uno de los descendientes de Adán nace completamente inclinado a la maldad y la enemistad con Dios.

Un hecho innegable, un misterio inexplicable

La caída de la humanidad en la Caída de Adán siempre estará envuelta de misterio. Es una de las doctrinas más asombrosas y esenciales del cristianismo y está claramente establecida en las Escrituras, proveyendo la única explicación adecuada para la corrupción moral universal de la humanidad. Al mismo tiempo, aunque afirman esta doctrina, las Escrituras ofrecen poca explicación sobre cómo estas cosas pueden ser así, y no dan defensa contra las frecuentes acusaciones de que estas cosas son injustas. ¿Cómo puede ser justo que Dios impute el pecado y la culpa de Adán a toda la humanidad? Los siguientes puntos son dignos de consideración.

1. La veracidad de una doctrina no se determina por nuestra habilidad de comprenderla o reconciliarla con nuestro entendimiento, ni es nuestra inhabilidad para hacer estas cosas un argumento para rechazarla. Si este fuera el caso, no existiría la doctrina cristiana, porque no hay verdad revelada que no contenga cierto elemento de misterio. En Deuteronomio 29:29 las Escrituras declaran: «Las cosas secretas pertenecen a Jehová nuestro Dios; mas las reveladas son para nosotros y para nuestros hijos para siempre, para que cumplamos todas las palabras de esta ley». Una gran promesa de la Escritura es que la verdad que creemos y todavía no entendemos completamente nos será dada a conocer un día, y la sombra de incertidumbre y duda que todavía permanece desaparecerá a la luz de la revelación completa de Dios. El apóstol Pablo escribe: «Ahora vemos por espejo, oscuramente; mas entonces veremos cara a cara. Ahora conozco en parte; pero entonces conoceré como fui conocido» (1 Cor. 13:12).

2. A lo largo de la Escritura, Dios ha demostrado de tal manera su perfecta justicia en su relación con el hombre, que toda acusación de lo contrario se responde con una reprensión severa: «Yo te responderé que mayor es Dios que el hombre. ¿Por qué contiendes contra él?» (Job 33:12b-13a). «Mas antes, oh hombre, ¿quién eres tú, para que alterques con Dios?» (Rom. 9:20a). Si *Dios* ha hecho a Adán para ser la cabeza de la raza humana y ha imputado su pecado a la humanidad entera, *debe* ser justo. Dios tiene el derecho divino de proponer y obrar según Su buena voluntad.

3. Que Dios permitiera que un hombre fuera probado a nombre de todos los demás hombres fue una gran demostración de gracia. Adán fue el hombre más apto y capaz de toda la raza humana, él vivió en un lugar limpio del pecado y la corrupción que hoy prevalecen. Dios eligió el más grande y noble de entre nosotros para ponerse en nuestro lugar.

4. Toda la evidencia de la Escritura, la historia humana y el testigo interno de la conciencia apuntan a la certeza de que cualquier otro de la raza de Adán no hubiera hecho algo mejor a lo que Adán mismo hizo.

5. Toda persona de la raza de Adán, tan pronto como puede, participa voluntariamente en la rebelión de Adán contra Dios y demuestra que Dios lo condena justamente.

6. Si está mal o es injusto que Dios condene a toda la raza humana a través de la caída de un hombre, Adán, entonces es igual de malo que Dios salve a su pueblo (*i.e.* los redimidos) a través de la obediencia de un hombre, Jesucristo. Si Dios no puede imputar con justicia el pecado de Adán a la humanidad, entonces no puede imputar con justicia el pecado del hombre a Cristo o la justicia de Cristo al hombre.

Nuestra caída en Adán

La declaración «todos los hombres nacen en pecado» significa que Dios ha imputado el pecado y la culpa de Adán a cada uno de sus descendientes. Es importante notar que esta no es una «especulación teológica» o «construcción filosófica»; más bien, es la enseñanza clara de las Escrituras y se valida en cada página de la historia humana y en cada vida humana.

En Romanos 5:12-19, encontramos el discurso más importante en toda la Escritura con respecto a la Caída de Adán y la imputación de su pecado a toda la raza humana. Nos será útil pasar un tiempo estudiándolo. Lee el pasaje hasta que estés familiarizado con su contenido, luego sigue las instrucciones de abajo.

1. Lee Romanos 5:12 otra vez. Identifica las verdades que se revelan en el texto.

    a. El pecado e________ en el mundo por un h________________. Las Escrituras afirman que Dios creó todas las cosas «buenas» (Gén. 1:31). La explicación bíblica para la presencia del pecado en el mundo bueno de Dios, es que entró o lo invadió «por» o «por medio de» la desobediencia de un hombre: Adán.

    b. Y por el pecado la m_____________. El pecado entró en el mundo a través del primer acto de desobediencia de Adán, y la muerte entró en el mundo a través del pecado; fue una devastadora sucesión de eventos. Es extremadamente importante notar que la muerte no entró a nuestro mundo como una «consecuencia natural» del pecado, sino como la paga divina por el pecado. La muerte es el castigo o precio del pecado (Gén. 2:17; Eze. 18:4; Rom. 6:23).

    c. Así la muerte p_________ a todos los hombres. Habiendo explicado cómo la muerte entró al mundo de Dios, Pablo afirma lo que todos sabemos que es cierto: la muerte ha pasado a todos los hombres. Toda vida inevitablemente termina en muerte.

    d. Por cuanto t______ pecaron. La explicación de Pablo para que la muerte haya pasado a todos los hombres es breve pero poderosa. La muerte es la paga o el precio del pecado (Rom. 6:23), y la muerte ha pasado a todos los hombres porque «todos pecaron». La palabra «pecaron» está escrita en tiempo aoristo, el cual comúnmente se utiliza para describir una acción momentánea en el pasado o un evento singular en la historia. En este caso, el evento histórico al que Pablo está haciendo referencia es el pecado y la Caída de Adán. Considerando la gramática y el contexto (i.e. los siguientes versículos), esta frase no significa que la muerte ha pasado a todos los hombres porque todos los hombres «pecaron» personalmente o «han pecado»; más bien, significa que la muerte ha pasado a todos los hombres porque «todos pecaron» en ese momento histórico en el jardín cuando Adán pecó. A través del pecado de Adán, todos fueron «constituidos pecadores» (v.19). Por esta razón, la paga del pecado ha pasado a todos los hombres, incluso a los infantes que mueren sin haber cometido pecado personalmente.

e. Explica en tus propias palabras el significado de este versículo.

....

....

....

....

....

....

....

2. Lee Romanos 5:13-14 otra vez. Resume en tus propias palabras el significado de este pasaje.

....

....

....

....

....

....

....

NOTA: Estos versículos son dados como prueba del hecho de que todos fuimos «hechos pecadores» en Adán. La lógica es muy clara. (1) De acuerdo con las Escrituras (Rom. 6:23), la paga del pecado o el precio por quebrantar la ley de Dios es muerte; solo los pecadores y los transgresores mueren. (2) Sin embargo, incontables personas murieron antes de que la ley de Moisés fuera dada, e incontables bebés han muerto en el vientre, aunque jamás han pecado o roto la ley de Dios personalmente. (3) La muerte de aquellos que jamás han pecado personalmente «a la manera de la transgresión de Adán», solo puede explicarse por el hecho de que el pecado de Adán les ha sido imputado; por lo tanto, son contados como «pecadores» en Adán.

3. Lee Romanos 5:15-17 otra vez. Identifica las verdades que se revelan en el pasaje.

   a. Por la t________________________ de aquel uno murieron los *muchos* (v.15). Los «muchos» es una referencia a la gran masa de humanidad que fue descendencia de Adán. De nuevo, Pablo está mostrando que la muerte experimentada por todos los hombres es el resultado del pecado de un hombre: Adán. A través de su transgresión, los muchos «pecaron» (5:12); y, por lo tanto, los «muchos» murieron.

   b. El juicio v________ a causa de un solo pecado para c____________________ (v.16). La palabra «juicio» se refiere a una sentencia, decisión o veredicto judicial. La transgresión de Adán resultó en su juicio. Este juicio resultó en su condenación. La paga por su crimen fue la muerte. Esta condenación y su paga han sido pasadas a todos los hombres, porque «todos pecaron» en Adán.

   c. Por la transgresión de uno solo, reinó la m______________ (v.17). A través de ese pecado de Adán, la muerte vino a ejercer autoridad absoluta sobre todos los hombres (i.e. todos los hombres mueren). El pecado de Adán fue imputado a todos los hombres, por lo tanto, todos fueron constituidos «pecadores». Como pecadores, todos los hombres están bajo el juicio divino de la muerte.

   d. Explica en tus propias palabras el significado de estas tres declaraciones bíblicas.

   ....

   ....

   ....

   ....

   ....

4. Lee Romanos 5:18-19 otra vez. Identifica las verdades que se revelan en el pasaje.

   a. Por la transgresión de uno vino la c____________________ a todos los hombres (v.18). Esta declaración resume de manera simple lo que ya se ha dicho en los versículos 12-17. A través de la transgresión de Adán, todos los hombres fueron constituidos pecadores (vv.12, 19), fueron condenados (v.16) y fueron sometidos a la muerte (vv.12, 14-15, 17).

   b. Por la d____________________ de un hombre los muchos fueron constituidos pecadores (v.19). La palabra «constituidos» viene de la palabra griega */kathístēmi/*, que significa, «establecer como, declarar o proclamar como». Por causa de la desobediencia de Adán, todos los hombres son ahora considerados y tratados como pecadores. Es importante notar que el apóstol Pablo no dice que como resultado del pecado de Adán los muchos fueron constituidos pecaminosos (i.e. nacidos con una naturaleza pecaminosa), lo que los llevó a vivir una vida de pecado y luego estar bajo la condenación de la muerte. Más bien, Pablo declara que los muchos fueron constituidos pecadores y llevados a recibir el castigo de la muerte, incluso antes de que hubieran tenido la oportunidad de pecar personalmente.

c. Explica en tus propias palabras el significado de estas dos declaraciones bíblicas.

....

....

....

....

....

....

....

....

....

Parte Dos

La Depravación Moral y la Pecaminosidad del Hombre

DEPRAVACIÓN TOTAL Y CORRUPCIÓN MORAL

La paga del pecado de Adán no solo fue muerte, sino también corrupción moral; él cayó de su estado original de justicia y se volvió una criatura moralmente corrupta. Ya que todos los hombres llevan la culpa del pecado de Adán, también llevan la paga: muerte y corrupción moral. Cada uno de los descendientes de Adán nace moralmente corrupto, completamente inclinado hacia el mal y bajo sentencia de muerte.

Es evidente, por la experiencia de cada individuo y las experiencias colectivas de toda la humanidad, que la corrupción moral no es un comportamiento aprendido o imitado sino una característica inherente, enraizada profundamente en el corazón. La historia humana, la literatura secular y sagrada, la filosofía y la religión abundan con ilustraciones de la lucha del hombre con su propia corrupción moral y propensión al mal. Las palabras inspiradas del apóstol Pablo en Romanos 7:15, han sido el gemir de cada hombre que llega a entender la realidad de su propia corrupción moral: «Porque lo que hago, no lo entiendo; pues no hago lo que quiero, sino lo que aborrezco, eso hago».

El significado de la «depravación total»

Una de las frases más importantes que los teólogos usan para describir la profundidad de la corrupción o contaminación moral heredada del hombre, es la frase «depravación total». La palabra «depravación» viene de la preposición en latín *de*, que comunica intensidad, y la palabra en latín *pravus*, que significa «torcido» o «retorcido». Que algo sea depravado es afirmar que su estado o forma original ha sido profundamente torcido o pervertido. Que el hombre sea depravado es afirmar que él ha caído de su estado original de justicia y que su naturaleza misma se ha corrompido. Es importante saber qué quieren y no quieren decir los teólogos cuando usan los adjetivos «total», «dominante», «holística» o «radical» al describir la depravación del hombre.

Lo que la «depravación total» no significa

1. Que la imagen de Dios en el hombre se perdió completamente en la Caída. En Génesis 9:6, 1 Corintios 11:7 y Santiago 3:9, las Escrituras todavía se refieren al hombre como hecho a la «imagen» o «semejanza» de Dios. Por lo tanto, hay un sentido muy real en el que la imagen de Dios permanece en todos los hombres.

2. Que el hombre no tiene conocimiento de la persona o voluntad de Dios. Las Escrituras nos enseñan que los hombres conocen lo suficiente del Dios verdadero como para odiarlo, y que conocen lo suficiente de Su verdad como para rechazarla y tratar de detenerla (Rom. 1:18, 30).

3. Que el hombre no posee una conciencia o que es completamente insensible al bien y el mal. Romanos 2:15 enseña que todos los hombres poseen una conciencia. Si no está cauterizada (1 Tim. 4:2), esa conciencia puede dirigir al hombre a admirar el carácter y las acciones virtuosas.

4. Que el hombre es incapaz de demostrar virtud. Hay hombres que aman a sus familias, sacrifican sus vidas para salvar a otros, y hacen grandes actos de generosidad y altruismo. Se reconoce que los hombres son capaces de amar a otros, de hacer deberes civiles, e incluso de hacer algún bien religioso externo.

5. Que todos los hombres son tan inmorales o depravados como podrían serlo, que todos los hombres son igualmente inmorales, o que todos los hombres se complacen en todas las clases de maldad que existen. No todos los hombres son delincuentes, fornicarios o asesinos; pero todos los hombres son capaces de llegar a serlo. Lo único que los detiene es la gracia de Dios.

Lo que la «depravación total» sí significa

1. Que la imagen de Dios en el hombre ha sido seriamente mutilada (o desfigurada) y que la corrupción moral la ha contaminado completamente. Esta verdad puede ser vista claramente en toda faceta de la persona del hombre: cuerpo (Rom. 6:6, 12; 7:24; 8:10, 13), razonamiento (Rom. 1:21; 2 Cor. 3:14-15; 4:4; Efe. 4:17-19), emociones (Rom. 1:26-27; Gál. 5:24; 2 Tim. 3:2-4) y voluntad (Rom. 6:17; 7:14-15).

2. Que el hombre nace con una gran propensión o inclinación hacia el pecado. Todos los hombres son capaces de la peor de las maldades, e incluso de los crímenes más inefables y las perversiones más vergonzosas.

3. Que todas las acciones del hombre están contaminadas por su propia corrupción moral. La corrupción moral del hombre y el pecado impregnan sus obras más admirables (Isa. 64:6).

4. Que las obras del hombre no son motivadas por el amor a Dios o por el deseo de obedecer Sus mandamientos. Ningún hombre ama a Dios de manera digna o de la manera que la ley lo ordena (Deut. 6:4-5; Mat. 22:37); tampoco hay ningún hombre que glorifique a Dios en cada pensamiento, palabra y obra (1 Cor. 10:31; Rom. 1:21). Todos los hombres se prefieren a sí mismos antes que a Dios (2 Tim. 3:2-4). Todos los actos de altruismo, heroísmo, deber civil y bien religioso externo son motivados por el amor a sí mismos, no por el amor a Dios.

5. Que la mente del hombre es hostil hacia Dios, no puede someterse a la voluntad de Dios y no puede agradar a Dios (Rom. 8:7-8).

6. Que la humanidad está inclinada a una corrupción moral cada vez más grande. Este deterioro sería incluso más rápido si no fuera por la gracia de Dios que detiene la maldad del hombre.

7. Que el hombre no puede librarse a sí mismo de su condición pecaminosa y depravada. Él está muerto espiritualmente (Efe. 2:1-3), corrupto moralmente (Sal. 51:5) e incapaz de cambiarse a sí mismo (Jer. 13:23).

El hombre nace en corrupción moral

Ahora que hemos resumido el significado de la depravación total o radical, consideraremos más de cerca las enseñanzas de la Escritura. Encontraremos testimonio abundante acerca de lo que hemos aprendido. Ya que todos los hombres llevan la culpa del pecado de Adán, también llevan la paga: muerte y corrupción moral. Cada uno de los descendientes de Adán nace moralmente corrupto e inclinado al mal.

1. Génesis 5:1-3 muestra claramente las devastadoras consecuencias de la Caída y la expansión de la corrupción moral a través de la raza humana. Lee el texto hasta que estés familiarizado con su contenido y luego responde las siguientes preguntas:

   a. De acuerdo con Génesis 5:1, ¿a imagen de quién fue hecho Adán?

   ....

   ....

   b. De acuerdo con Génesis 5:3, ¿a semejanza de quién fueron hechos los hijos de Adán? Explica la importancia de esta verdad.

   ....

   ....

   ....

....

....

NOTA: Adán fue hecho «a semejanza de Dios», pero los descendientes de Adán fueron hechos a la semejanza caída y depravada de Adán. Es importante notar que los hombres no heredan la corrupción moral de Adán de la misma forma en que heredan una característica física o una deformidad de su padre. La corrupción moral de los descendientes de Adán es resultado del juicio de Dios: Adán pecó y vino a estar bajo el castigo de muerte y corrupción moral. El pecado de Adán ha sido imputado a todos sus descendientes; por lo tanto, ellos están sujetos al mismo castigo: muerte y corrupción.

2. Desde la Caída de Adán, todos los hombres nacen con una naturaleza moralmente corrupta, privada de bondad, hostil contra Dios e inclinada hacia el mal. ¿Qué nos enseñan las siguientes Escrituras acerca de esta verdad? ¿Cómo demuestran que la corrupción moral del hombre no es un comportamiento aprendido sino un reflejo de su naturaleza misma?

   a. Salmo 51:5

....

....

....

....

....

NOTA: Esto no significa que hubo pecado en las relaciones sexuales entre los padres de David que resultaron en su nacimiento. Dios había ordenado que los hombres se multiplicaran y engendraran hijos (Gén. 1:28). David simplemente está exponiendo una verdad que se defiende a través de las Escrituras y se demuestra en toda la historia humana: la corrupción moral del hombre y su inclinación al mal no es meramente una conducta aprendida, sino una parte de su ser o naturaleza misma.

   b. Salmo 58:3

....

....

....

....

c. Génesis 8:21

....

....

....

....

....

NOTA: La palabra «juventud» se refiere a la vida o niñez temprana de alguien. No hay necesidad de enseñar a un niño a ser egoísta o centrado en sí mismo, o de enseñarle a mentir o manipular. Esas actitudes y obras pecaminosas surgen de su naturaleza misma.

3. Habiendo establecido la verdad de que todos los hombres nacen llevando la corrupción moral de Adán, consideraremos ahora las Escrituras que ilustran la severidad o profundidad de esta corrupción moral. ¿Qué nos enseñan las siguientes Escrituras acerca de la profundidad y alcance de la corrupción del hombre?

a. Génesis 6:5

....

....

....

....

....

NOTA: Para ilustrar este punto, supón que alguien pudiera poner en un video todos los pensamientos de un hombre —desde sus primeros momentos de la infancia hasta el presente— y luego mostrar ese video a sus amigos y familia más cercanos, a aquellos con los que ha compartido sus pensamientos y debilidades más íntimas. Él estaría tan abatido por la vergüenza que no sería exagerado pensar que nunca más sería capaz de mirarlos a los ojos.

b. Job 15:14-16; 25:4-6

....

....

....

....

NOTA: El lenguaje que se utiliza en ambos pasajes es extremadamente fuerte y ofensivo. Sin embargo, en sus contextos adecuados, son expresiones verdaderas del hombre separado de la gracia de Dios que puede limitarlo. Somos una raza caída con un mal que solo puede ser curado a través de la redención en Cristo y la obra regeneradora del Espíritu Santo.

c. Eclesiastés 9:3

....

....

....

....

d. Isaías 64:6

....

....

....

....

NOTA: Las obras más grandes y dignas de alabanza de los hombres no son más que trapos de inmundicia delante de Dios. Uno puede vestir a un leproso con la seda más cara y blanca para cubrir sus llagas, pero la corrupción de su carne inmediatamente exudaría a través de la prenda, dejándola tan vil como el hombre que busca cubrir. De manera similar, las mejores obras de los hombres están manchadas con la corrupción de sus corazones caídos.

4. Cuando hablamos de la corrupción moral del hombre, se debe prestar atención especial al corazón. En las Escrituras, el corazón se refiere al asiento de la voluntad y las emociones; representa el núcleo mismo del ser de una persona. De acuerdo con las Escrituras, el corazón mismo del hombre es corrupto; de este fluye toda forma de pecado, rebelión y perversidad.

   a. ¿Cómo se describe el corazón del hombre en Jeremías 17:9?

   ....

   ....

   ....

   ....

b. De acuerdo con Mateo 15:19-20 y Marcos 7:20-23, ¿cómo es que el corazón corrupto del hombre afecta todo lo que el hombre es y hace?

....

....

....

....

....

5. Para concluir esta parte de nuestro estudio sobre la corrupción moral del hombre, consideraremos una declaración breve pero poderosa del Señor Jesucristo en Mateo 7:11. ¿Cuál es esta declaración y cómo demuestra la fuerte convicción que Cristo tiene de la depravación moral del hombre?

   a. Si vosotros, siendo m__________.

....

....

....

....

....

NOTA: El hecho de que los hombres puedan poseer afectos sinceros hacia los suyos y mostrar ciertas virtudes, no invalida el hecho de que la humanidad como un todo es una raza caída y que la corrupción moral prevalece en los corazones de todos. Esta corrupción es tan prevalente que Cristo puede referirse a los hombres como «malos», incluso en medio de sus buenas obras, al darles buenas dádivas a sus hijos.

DISCERNIENDO EL PROBLEMA DEL HOMBRE

Lección **6**

MUERTE ESPIRITUAL

Una importante frase usada por los teólogos para describir la profundidad de la corrupción moral del hombre es «muerte espiritual». De acuerdo con las Escrituras, el juicio divino que cayó sobre Adán resultó no solo en muerte física, sino también en muerte espiritual. Adán pasó a estar separado de Dios e insensible a Su voluntad. Sucesivamente, también se volvió sensible a toda clase de estímulo perverso, tanto humano como demoniaco.

Las Escrituras nos enseñan que este aspecto del juicio divino que cayó sobre Adán no estaba limitado solo a él; incluía a toda la humanidad. Todo ser humano nace separado de Dios, siendo un muerto espiritual, vacío de verdadera vida espiritual hacia Dios e insensible a la persona y voluntad de Dios. Para que el hombre caído pueda responder a Dios en amor y obediencia, debe ocurrir una resurrección espiritual a través de la obra sobrenatural de la gracia y el poder de Dios.

1. En Génesis 2:17, Adán recibió una advertencia de Dios sobre las terribles consecuencias de la desobediencia. De acuerdo con el pasaje, ¿qué ocurriría el día que Adán violara el mandato de Dios? ¿Qué nos enseña este texto acerca de la muerte espiritual en que incurrió Adán como resultado de su pecado?

....

....

....

....

....

NOTA: La paga por el pecado de Adán fue la muerte (Rom. 6:23). Esta muerte no fue solo física sino también espiritual. La advertencia de Dios no era meras palabras. En el mismo día que Adán comió del árbol del conocimiento del bien y el mal, él murió espiritualmente; esto es, pasó a estar separado de Dios, insensible a Su voluntad, y se abrió a toda clase de estímulo perverso, tanto humano como demoniaco.

2. En Efesios 2:1-3 se encuentra una de las descripciones más reveladoras de las Escrituras acerca de la muerte espiritual del hombre caído. Lee el texto varias veces hasta que estés familiarizado con su contenido. Después, explica en tus propias palabras el significado de cada una de las siguientes porciones:

   a. Estabais muertos en vuestros delitos y pecados (v.1).

   ....

   ....

   ....

   ....

NOTA: Antes de la conversión, toda persona está espiritualmente muerta. Las Escrituras consideran esta muerte espiritual como un resultado del pecado; esto es, tanto el pecado imputado a nosotros en Adán (Rom. 5:12) como el pecado que nosotros mismos practicamos (Efe. 2:2).

   b. En los cuales anduvisteis en otro tiempo, siguiendo la corriente de este mundo (v.2).

   ....

   ....

   ....

   ....

NOTA: La muerte espiritual se manifiesta o es evidente por la dirección que toma la vida de una persona y las obras que hace. Antes de la conversión, toda persona «anda en» o «practica» el pecado como un estilo de vida. Por naturaleza, el hombre no anda conforme la voluntad de Dios, sino conforme la corriente de este mundo caído: en hostilidad y desobediencia a Dios.

   c. Conforme al príncipe de la potestad del aire, el espíritu que ahora opera en los hijos de desobediencia (v.2).

   ....

   ....

   ....

   ....

NOTA: Antes de la conversión, los hombres no solo andan conforme a la corriente de una humanidad caída y desobediente, sino que también viven conforme a la voluntad y las obras del diablo. Aunque la mayoría de los hombres negarán cualquier alianza con el diablo y se ofenderían por tal acusación, las Escrituras declaran que aquellos que no han sido reconciliados con Dios a través de Cristo y regenerados por el Espíritu Santo están siguiendo la voluntad del diablo.

d. Entre los cuales también todos nosotros vivimos en otro tiempo en los deseos de nuestra carne, haciendo la voluntad de la carne y de los pensamientos (v.3).

....

....

....

....

....

NOTA: Antes de la conversión, toda persona —sin excepción— es motivada y guiada por los deseos de su carne (*i.e.* los deseos perversos de su humanidad caída, que son rebeldes y hostiles hacia Dios), satisfaciendo sus deseos y pensamientos perversos.

e. Y éramos por naturaleza hijos de ira, lo mismo que los demás (v.3).

....

....

....

....

....

NOTA: Antes de la conversión, la ira de Dios está sobre la persona (Jn. 3:36). Es importante entender que la ira de Dios está dirigida hacia una persona no solo por lo que hace, sino también por lo que es. La naturaleza caída y malvada del hombre evoca la ira de Dios.

3. En Efesios 4:17-19, se encuentra otra descripción importante de la muerte espiritual que mora en el corazón de todo hombre antes de su conversión. Lee el pasaje varias veces hasta que estés familiarizado con su contenido. Después explica el significado de cada una de las siguientes porciones:

a. [Los hombres caídos] andan en la vanidad de su mente, teniendo el entendimiento entenebrecido (vv.17-18).

....

....

....

....

....

NOTA: La «mente» de los muertos espirituales puede ser capaz de lograr grandes obras en la ciencia, arquitectura y literatura; sin embargo, con respecto a Dios, está vacía de verdad y llena de toda clase de vanidades, herejías e inconsistencias lógicas. Cuando los hombres caídos buscan ser «espirituales» o «religiosos», los resultados son catastróficos o incluso absurdos.

b. Ajenos de la vida de Dios (v.18).

....

....

....

....

....

c. Por la ignorancia que en ellos hay, por la dureza de su corazón (v.18).

....

....

....

....

....

NOTA: Es importante entender que el hombre no es una víctima, separada de Dios por alguna ignorancia inevitable de la que no puede hacer nada al respecto. La ignorancia del hombre es autoimpuesta. Él es hostil hacia Dios y no quiere conocerlo a Él o Su voluntad. El hombre es ignorante de las cosas espirituales porque cierra sus ojos y se niega a ver a Dios, cubriendo sus oídos y negándose a escuchar a Dios.

d. Los cuales, después que perdieron toda sensibilidad, se entregaron a la lascivia para cometer con avidez toda clase de impureza (v.19).

....

....

....

....

....

NOTA: Al endurecer su corazón contra Dios, el hombre caído se vuelve insensible a toda verdad y virtud espiritual. Luego, voluntariamente se entrega a toda clase de mal que es contrario a la voluntad de Dios y repugnante a Su persona.

4. En las Escrituras, hay varios pasajes que describen e ilustran lo que significa estar «muerto espiritualmente». Completa cada declaración llenando los espacios en blanco, luego escribe tus reflexiones.

   a. Los hombres caídos están m__________ incluso cuando están v__________ (1 Tim. 5:6).

   ....

   ....

   ....

   ....

   ....

NOTA: Antes de la conversión, el hombre es un cadáver espiritual: físicamente vivo, pero espiritualmente muerto. Está muerto a la realidad de Dios y Su voluntad.

   b. Los hombres caídos tienen nombre de que v__________, y están m__________ (Apo. 3:1).

   ....

   ....

   ....

   ....

NOTA: Antes de la conversión, un hombre puede parecer muy religioso y hasta temeroso de Dios, pero todas sus obras son externas y motivadas por el amor a sí mismo. En su corazón, no ama a Dios, ni busca la gloria de Dios.

c. Los hombres caídos tienen corazones de p_____________ (Eze. 11:19).

....

....

....

....

....

NOTA: Una estatua de piedra es inanimada y no responde a ninguna clase de estímulo. Uno puede pellizcar, tocar o empujar una estatua, pero no va a responder. De la misma manera, el corazón del hombre caído no va a responder al estímulo divino. Está tan muerto como una piedra para Dios.

d. Los hombres caídos son como árboles o_____________ sin f_____________, d___________ veces muertos y d_______________ (Jud. 12).

....

....

....

....

....

NOTA: Sería difícil encontrar una ilustración más gráfica de la muerte espiritual del hombre. Antes de la conversión, no hay ninguna vida espiritual en el hombre.

e. El hombre caído realiza deberes y rituales religiosos que Dios considera como obras m_____________ (Heb. 6:1; 9:14).

....

....

....

....

NOTA: Una vez más, antes de la conversión, un hombre puede parecer muy religioso, pero todas sus obras son externas y motivadas por el amor a sí mismo. Aunque sus actividades religiosas puedan recibir el aprecio y aplauso de los otros, el hombre caído es tan falto de fruto delante de Dios como un árbol muerto.

Incapacidad Moral

Parte 1: La Esclavitud de la Voluntad del Hombre

El significado de la incapacidad moral

La «Incapacidad moral» es un término comúnmente empleado por estudiantes de la Biblia para describir el alcance de la corrupción moral del hombre o su depravación total. Esta doctrina nos enseña que el hombre caído es *incapaz* de amar, obedecer o agradar a Dios.

Al escuchar de esta doctrina, uno podría preguntarse: «¿Cómo es el hombre responsable delante de Dios si es incapaz de hacer lo que Dios ordena?». La respuesta es muy importante. Si el hombre no amara u obedeciera a Dios porque le faltan las facultades mentales para hacerlo o porque algo lo detuviera físicamente, entonces realmente sería injusto que Dios lo hiciera responsable. El hombre sería una víctima. Sin embargo, ese no es el caso. La incapacidad del hombre es moral y surge de su hostilidad hacia Dios. El hombre es incapaz de amar a Dios porque odia a Dios. Es incapaz de obedecer a Dios porque detesta Sus mandamientos. El hombre es incapaz de agradar a Dios porque no considera la gloria y la buena voluntad de Dios como un objetivo digno. El hombre no es una víctima, sino el culpable. No puede porque no quiere. Su corrupción y enemistad contra Dios son tan grandes, que prefiere sufrir eterna perdición que reconocer a Dios como Dios y someterse a Su soberanía. Por esta razón, la incapacidad moral también puede llamarse hostilidad voluntaria. Un ejemplo maravillosamente claro se encuentra en Génesis 37:4:

> «Viendo sus hermanos que su padre lo amaba [a José] más que a todos sus hermanos, le aborrecían, y no podían hablarle pacíficamente».

Los hermanos de José «no podían hablarle pacíficamente». Esto no era porque carecían de la habilidad física de hablar (*i.e.* no estaban mudos); sino porque su odio era tan grande hacia José que no querían ser pacíficos con él. De la misma manera, la hostilidad del hombre caído hacia Dios es tan grande que no puede someterse a Dios.

La esclavitud de la voluntad del hombre

La voluntad del hombre es una expresión de su naturaleza. Si el hombre poseyera una naturaleza moralmente pura, entonces su voluntad estaría inclinada a hacer obras moralmente puras. Si el hombre fuera santo y justo, amaría a un Dios santo y justo, y amaría y obedecería Sus mandamientos. Sin embargo, el hombre caído posee una naturaleza moralmente corrupta; por lo tanto, su voluntad está inclinada a hacer obras que son moralmente corruptas. El hombre caído no es santo ni justo; por lo tanto, odia a un Dios santo y justo, lucha contra Su verdad y se niega a someterse a sus mandamientos. Aquí encontramos la respuesta a la muy debatida pregunta:

¿Tiene el hombre libre albedrío?

La respuesta bíblica es que el hombre es libre de elegir lo que desee; pero, porque su naturaleza misma es moralmente depravada, siempre desea apartarse del bien y elegir el mal, odiar la verdad y creer la mentira, negar a Dios y luchar contra Su voluntad. En un sentido, el hombre caído sí tiene «libre albedrío», pero no tiene «buen albedrío». Por lo tanto, siempre elegirá «libremente» estar en oposición a la persona y la voluntad de Dios. El hombre no puede escaparse de lo que es. Él es malvado por naturaleza, y hace obras de maldad voluntaria y libremente.

1. En Mateo 7:16-20, encontramos una excelente ilustración de la verdad descrita anteriormente, que la voluntad del hombre es una expresión de su naturaleza. Lee el pasaje varias veces hasta que estés familiarizado con su contenido, luego explica en tus propias palabras el significado de cada versículo.

   a. Por sus frutos los conoceréis. ¿Acaso se recogen uvas de los espinos, o higos de los abrojos? (v.16).

   ....

   ....

   ....

   ....

   ....

NOTA: Identificamos la naturaleza de un árbol por el fruto que lleva. De la misma manera, la verdadera naturaleza o carácter de un hombre se revela no por lo que confiesa, sino por lo que hace.

b. Así, todo buen árbol da buenos frutos, pero el árbol malo da frutos malos (v.17).

....

....

....

....

....

NOTA: Hay una relación directa entre la naturaleza de un árbol y el fruto que lleva. Lo mismo es cierto de la naturaleza de un hombre y sus obras. Una naturaleza corrupta solo puede producir obras corruptas.

c. No puede el buen árbol dar malos frutos, ni el árbol malo dar frutos buenos (v.18).

....

....

....

....

NOTA: Aquí tenemos uno de los más grandes ejemplos en las Escrituras de la relación directa entre la naturaleza y la voluntad de alguien. Un árbol no puede llevar fruto contrario a su naturaleza; más bien, lleva fruto de acuerdo con su naturaleza. De manera similar, los afectos, la voluntad y las obras de un hombre siempre corresponderán a su naturaleza.

d. Todo árbol que no da buen fruto, es cortado y echado en el fuego (v.19).

....

....

....

....

NOTA: Jesús no está enseñando salvación por obras; Él está demostrando la relación directa entre lo que una persona es y lo que una persona hace. La persona que ha sido salvada por fe en Cristo ha sido regenerada por el Espíritu Santo. Es una nueva criatura (2 Cor. 5:17) con nuevos afectos por Dios y Su voluntad. Él se ha convertido en un buen árbol que lleva buen fruto. Sus obras no buscan (ni pueden) salvarlo; más bien, son la evidencia de la obra de salvación de Dios en él.

e. Así que, por sus frutos los conoceréis (v.20).

....

....

....

....

NOTA: Este pasaje inicia (v.16) y termina (v.20) con la misma frase: «Por sus frutos los conoceréis». La repetición enfatiza dos verdades importantes: (1) hay una relación innegable y directa entre la naturaleza y la voluntad; y (2) nuestra confesión no es evidencia suficiente de una conversión genuina, sin los buenos frutos que llevemos a lo largo de nuestras vidas.

2. En Mateo 12:34-35 se encuentra otra excelente ilustración de la incapacidad moral del hombre caído. Lee el pasaje varias veces hasta que estés familiarizado con su contenido, luego escribe tus reflexiones sobre cada una de las siguientes frases:

a. ¡Generación de víboras! ¿Cómo podéis hablar lo bueno, siendo malos? (v.34).

....

....

....

....

NOTA: Sería difícil encontrar un ejemplo más grande de la incapacidad moral que el que está en la reprensión de Jesús a los fariseos. Ellos no podían hablar lo bueno porque eran malos. Ellos llevaban malos frutos porque eran árboles malos (Mat. 7:17).

b. Porque de la abundancia del corazón habla la boca (v.34).

....

....

....

....

NOTA: En las Escrituras siempre hay una relación directa entre el corazón de un hombre y sus afectos, pensamientos, palabras y obras. El hombre desea, habla y actúa de acuerdo con su naturaleza.

c. El hombre bueno, del buen tesoro del corazón saca buenas cosas; y el hombre malo, del mal tesoro saca malas cosas (v.35).

....

....

....

....

NOTA: Este es un poderoso paralelo con Mateo 7:17-18: «Así, todo buen árbol da buenos frutos, pero el árbol malo da frutos malos. No puede el buen árbol dar malos frutos, ni el árbol malo dar frutos buenos».

Incapacidad Moral

Parte 2: La Impotencia de la Mente y el Corazón del Hombre

En el capítulo anterior consideramos la relación entre la naturaleza y la voluntad. Al hacerlo, también descubrimos que, ya que nace con una naturaleza moralmente corrupta, el hombre no puede (porque no quiere) responder positivamente a la persona o las obras de Dios. En este capítulo y el siguiente consideraremos muchos de los pasajes que hablan del «no puede» en las Escrituras; los textos que muestran claramente la incapacidad moral del hombre caído en todo aspecto de su ser.

El hombre caído no puede conocer las cosas de Dios

A través de la generosa providencia de Dios, la raza humana ha obtenido grandes logros intelectuales en la ciencia, la tecnología, la medicina, etc. Sin embargo, el conocimiento que el hombre caído tiene de Dios no es otra cosa que un laberinto torcido de herejías y vanos pensamientos. Esta ignorancia no es resultado de un «Dios escondido», sino de un «hombre escondido». Dios se ha revelado claramente al hombre a través de la creación, Sus obras soberanas en la historia, las Escrituras, y finalmente a través de Su Hijo encarnado. El hombre, estando muerto espiritualmente y corrompido moralmente, ha respondido a esta revelación cerrando sus ojos y cubriendo sus oídos. No puede conocer la verdad, porque la odia y busca reprimirla. Odia la verdad porque es la verdad de Dios, y habla en contra de él. Por lo tanto, no puede soportarla.

1. De acuerdo con 1 Corintios 2:14, ¿puede el hombre caído entender las cosas de Dios enseñadas por el Espíritu Santo? Explica tu respuesta.

....

....

....

....

....

NOTA: El hombre caído no puede entender las cosas de Dios. Las cosas de Dios se disciernen espiritualmente, mientras que el hombre caído está muerto espiritualmente. Por esta razón, rechaza el conocimiento de Dios como una locura. Para que el hombre entienda, aprecie y acepte el conocimiento de Dios, debe ser regenerado por el Espíritu Santo. Jesús dijo a Nicodemo en Juan 3:3, «De cierto, de cierto te digo, que el que no naciere de nuevo, no puede ver el reino de Dios».

2. En la primera parte de nuestro estudio sobre la incapacidad moral, aprendimos que el hombre no puede amar a Dios por su hostilidad hacia Él. Ahora veremos que la hostilidad del hombre hacia Dios también se refleja en su oposición a la verdad de Dios. Es importante entender que los hombres no son víctimas indefensas que genuinamente desean la verdad espiritual pero no pueden obtenerla. Al contrario, ellos odian la verdad y hacen todo lo que está en sus manos para negarla y reprimirla. ¿Qué nos enseñan las siguientes Escrituras acerca de esta verdad?

   a. Job 21:14-15

   ....

   ....

   ....

   ....

   ....

   b. Romanos 1:18

   ....

   ....

   ....

   ....

   ....

NOTA: La palabra «detienen» viene de la palabra griega /*katéjō*/, que también puede traducirse como «restringir, obstaculizar o retener».

3. En Romanos 1:21-32 se encuentra una descripción importante de la hostilidad de la humanidad hacia Dios y Su verdad. Demuestra que el hombre caído no es una víctima que desea la verdad de Dios, pero no tiene la facultad de conocerla. Más bien, es un «aborrecedor de la verdad», alguien que no quiere conocerla. Lee el pasaje varias veces, enfocándote especialmente en los versículos 21-25. Después, explica en tus propias palabras el significado de las siguientes porciones:

   a. Pues habiendo conocido a Dios, no le glorificaron como a Dios, ni le dieron gracias (v.21).

   ....

   ....

   ....

   ....

NOTA: La incredulidad hacia Dios no es un problema intelectual sino moral. De acuerdo con las Escrituras, no hay ateos. Dios se ha revelado claramente a todos los hombres, pero los hombres detienen este conocimiento para poder continuar en su injusticia y su arrogante autonomía.

   b. Sino que se envanecieron en sus razonamientos, y su necio corazón fue entenebrecido (v.21).

   ....

   ....

   ....

   ....

NOTA: Habiendo rechazado el conocimiento de Dios, la humanidad incrédula comienza su descenso hacia la oscuridad intelectual y moral.

   c. Profesando ser sabios, se hicieron necios (v.22).

   ....

   ....

   ....

   ....

d. Y cambiaron la gloria del Dios incorruptible en semejanza de imagen de hombre corruptible, de aves, de cuadrúpedos y de reptiles (v.23).

....

....

....

....

NOTA: La locura del hombre incrédulo se revela en su totalidad en los objetos de su adoración. A través de la historia, vemos al hombre rechazando al Creador que está en un nivel superior al de él y adorando a las criaturas que están en niveles inferiores a él. Su adoración de sí mismo se degrada a la adoración de las criaturas más bajas.

e. Ya que cambiaron la verdad de Dios por la mentira (v.25).

....

....

....

....

....

NOTA: El problema central del hombre es su naturaleza depravada, que es hostil hacia el Dios santo y justo. Esta hostilidad lleva al hombre a detener la verdad de Dios, a cambio de una visión de la realidad completamente distorsionada. La única alternativa a la verdad de Dios es la mentira (vea el v.18).

f. Honrando y dando culto a las criaturas antes que al Creador, el cual es bendito por los siglos (v.25).

....

....

....

....

NOTA: El hombre fue creado para adorar y servir al Dios que lo creó: el Dios de toda perfección, quien es infinitamente digno de su amor y lealtad. Cuando peca, el hombre cambia este privilegio por la adoración de su propia imagen de hombre corruptible, de aves, de cuadrúpedos y de reptiles (v.23).

El hombre caído no puede amar a Dios

La mayoría de las personas, incluso las que no son religiosas, dicen que tienen cierto nivel de amor o afecto hacia Dios; muy raramente nos encontraremos con un individuo tan audaz que confiese «odio» hacia Él. Sin embargo, las Escrituras testifican que los hombres caídos no pueden amar a Dios. De hecho, toda la raza de Adán odia a Dios y vive en guerra contra Él. La mayoría de los que dicen tener amor genuino por Dios saben muy poco acerca de Sus atributos y Sus obras como son revelados en las Escrituras; por lo tanto, el «dios» que aman es nada más que un fruto de su imaginación. Ellos han creado un «dios» a su propia imagen, y aman lo que han creado. Dios declara en el Salmo 50:21: «Pensabas que de cierto sería yo como tú; Pero te reprenderé».

Si el hombre caído que dice amar a Dios escudriñara las Escrituras, ciertamente encontraría un Dios muy diferente al objeto de sus afectos. Si estudiara los atributos de Dios (como la santidad, justicia, soberanía e ira), muy probablemente respondería con aversión y declararía (como muchos han hecho): «¡Mi Dios no es así!» o «¡Jamás podría amar a un Dios como ese!». Rápidamente veríamos que, cuando el hombre caído es confrontado con el Dios verdadero de las Escrituras, ¡su única reacción es odio y hostilidad! ¿Cuál es la razón para esta reacción adversa? Una vez más, tiene que ver con quién es el hombre en el mismo centro de su ser. Si el hombre fuera por naturaleza santo y justo, entonces fácilmente podría amar a un Dios santo y justo, y gozosamente se sometería a su ley. Sin embargo, el hombre es por naturaleza depravado y corrupto, así que ¡no puede!

1. En las Escrituras, un nombre tiene gran importancia y comunica algo acerca de la persona que lo lleva. ¿Qué nombres se atribuyen al hombre caído en las siguientes Escrituras? ¿Qué nos comunican acerca de su corrupción moral y hostilidad hacia Dios?

   a. A_________________ de Dios (Rom. 1:30).

   ....

   ....

   ....

   ....

   ....

   ....

NOTA: Esta frase viene de la palabra griega */theostugês/* [*/theos/* = Dios + */stúgō/* = odiar]. Se refiere a alguien que odia, desprecia o desdeña a Dios.

b. E____________________ de Dios (Rom. 5:10).

....

....

....

....

....

....

NOTA: Esta palabra viene de la palabra griega */ejthrós/*. Denota un adversario que está en enemistad contra otro, es hostil hacia otro o se opone a otro.

2. ¿Por qué una criatura racional odiaría al mismo Dios que la trajo a existencia y generosamente sostiene ese vida? ¿Por qué el hombre caído odia a Dios y vive en enemistad contra Él? ¿Qué nos dicen las siguientes Escrituras? Une cada verdad con el (los) texto(s) correspondiente(s) colocando la letra correcta en cada espacio en blanco.

_____	Romanos 8:7	a. El hombre caído odia a Dios porque ama el mal y hace obras malvadas. No viene a Dios porque teme que sus obras malvadas puedan ser expuestas.
_____	Juan 3:19-20; Colosenses 1:21	b. El hombre caído odia a Dios porque ama los placeres pecaminosos en lugar de a Dios.
_____	2 Timoteo 3:4	c. El hombre caído odia a Dios porque su mente es depravada y carnal (i.e. moralmente corrupto y desea fuertemente las mismas cosas a las que el Dios santo y justo se opone).

INCAPACIDAD MORAL

PARTE 3: LA IMPOTENCIA DE LA FUERZA DEL HOMBRE

El hombre caído no puede buscar a Dios

Vivimos en un mundo lleno de personas que se autoproclaman «buscadores de Dios»; sin embargo, las Escrituras destruyen esta jactancia con una declaración muy simple: «No hay quien busque a Dios» (Rom. 3:11). Muy frecuentemente, escuchamos a jóvenes convertidos al cristianismo comenzar su testimonio con las palabras: «Durante años estuve buscando a Dios». Sin embargo, las Escrituras una vez más responden: «No hay quien busque a Dios». El hombre es una criatura completamente caída, cuya naturaleza es depravada y perversa. Odia a Dios y se opone a Su verdad porque lo condena por su depravación y rebelión. Él no vendrá a Dios; de hecho, intentará hacer todo lo que esté en su poder para escapar y olvidarse de Él. Dios es justo; el hombre es un quebrantador de la ley. Por lo tanto, ¡el hombre está igual de dispuesto a buscar a Dios que un criminal a un oficial de la ley! Si alguien genuinamente está buscando a Dios, es solo porque Dios está trabajando en su vida y atrayéndolo hacia Él.

1. Frecuentemente escuchamos a personas decir que son «buscadores de la verdad» o «buscadores de Dios». ¿Cómo responden las siguientes Escrituras a esas declaraciones?

    a. De acuerdo con Romanos 1:18, ¿busca el hombre caído sinceramente la verdad?

    ....

    ....

    ....

    ....

    ....

NOTA: La palabra «detienen» viene de la palabra griega */katéjō/*, que también puede traducirse como «restringir, obstaculizar o retener».

b. De acuerdo con Romanos 3:11, ¿busca el hombre caído sinceramente a Dios?

....

....

....

....

....

NOTA: La palabra «busque» viene de la palabra griega */ekzētéō/* [ex = desde, fuera de + */zētéō/* = buscar]. También puede ser traducida como «buscar, inquirir o investigar cuidadosamente».

2. Hemos aprendido que el hombre caído no buscará a Dios. ¿Por qué tiene el hombre tal aversión hacia Dios? ¿Por qué el hombre caído no Lo busca? ¿Qué nos enseña Juan 3:19-20?

....

....

....

....

....

3. La Escritura nos enseña que el hombre caído no quiere (por lo tanto no puede) buscar a Dios. De acuerdo con las enseñanzas de Jesús en Juan 6:44 y Juan 6:65, ¿qué debe suceder antes de que un hombre pueda buscar a Dios y Su salvación?

....

....

....

....

....

NOTA: La palabra «trajere» en el versículo 44 viene de la palabra griega /*hélkō*/, que significa «arrastrar, atraer o acarrear». Los eruditos del griego Louw & Nida dan este significado a la palabra: «Arrastrar o empujar con fuerza física, frecuentemente implicando resistencia; traer, guiar a la fuerza».[9] Para ser claros, Dios no trae a los hombres a Él arrastrándolos contra su voluntad; más bien, primero regenera los corazones de los hombres, dándoles una nueva naturaleza. Esta nueva naturaleza, que ha sido recreada a la imagen de Dios, posee nuevos y justos afectos que entonces traen irresistiblemente a estos hombres a Cristo.

El hombre caído no puede obedecer o agradar a Dios

Hay un gran denominador común entre las religiones fuera del cristianismo: todas creen que estar bien delante de Dios se basa en la obediencia, el mérito personal, o alguna habilidad para agradar a Dios. Solamente el cristianismo declara que el hombre está sin esperanza, indefenso y perdido. No puede mejorar su estado delante de Dios, no puede obedecer a Dios y no puede agradar a Dios. Si va a ser salvo, ¡solo Dios puede salvarlo! ¡Esta es la verdad que el hombre caído más odia, porque requiere que se humille delante de Dios, reconozca su pecado y pida misericordia!

1. En Romanos 8:7-8 se encuentra una de las descripciones más importantes de las Escrituras sobre la incapacidad moral del hombre. Lee el texto varias veces hasta que estés familiarizado con su contenido, luego explica su significado. ¿Qué nos enseñan cada una de las siguientes frases acerca de la incapacidad del hombre para obedecer o agradar a Dios?

   a. Por cuanto los designios de la carne son enemistad contra Dios (v.7).

      ....

      ....

      ....

      ....

      ....

      ....

NOTA: La frase «los designios de la carne» se refiere a la mente de cualquiera que todavía es inconverso, no regenerado, y sin Cristo.

---

[9] *Greek-English Lexicon of the New Testament [Léxico Griego-Inglés del Nuevo Testamento]*, 15.178

b. Porque no se sujetan a la ley de Dios, ni tampoco pueden (v.7).

....

....

....

....

....

....

NOTA: La razón por la que el hombre caído es incapaz de someterse a la ley de Dios es moral. El hombre caído tiene la revelación y las facultades necesarias para conocer a Dios y someterse a Él; sin embargo, su amor por la injusticia y su deseo por la autonomía hacen que esta sumisión sea imposible.

c. Y los que viven según la carne no pueden agradar a Dios (v.8).

....

....

....

....

....

....

NOTA: La frase «según la carne» se refiere a cualquiera que es inconverso, no regenerado, y sin Cristo. La palabra «agradar» viene de la palabra griega */aréskō/*, que también puede ser traducida como «ganar aprobación». El hombre caído, separado de Cristo, no puede ganar la aprobación de Dios.

El hombre caído no puede cambiarse o reformarse a sí mismo

El siglo veinte empezó con gran optimismo; se esperaba que el hombre tuviera la capacidad de evolucionar a una criatura superior y más noble. Se suponía que sería la era de la reforma, pero terminó en un estupor de desesperación y confusión. Las Escrituras claramente enseñan que el hombre nace espiritualmente muerto y moralmente depravado. Cualquier esfuerzo humano para reformarse a sí mismo es inútil. Todo intento de hacerse agradable o aceptable a Dios terminará en completo fracaso. El hombre tiene solo una esperanza: la misericordia y la gracia de Dios.

1. Habiendo establecido la incapacidad del hombre para amar o buscar a Dios, ahora consideraremos lo que las Escrituras enseñan acerca de la incapacidad del hombre para cambiar, reformarse o hacerse recto delante de Dios. ¿Qué nos enseñan las Escrituras acerca de esta verdad?

   a. Job 9:29-31

   ....

   ....

   ....

   ....

   ....

   ....

   b. Job 14:4

   ....

   ....

   ....

   ....

   ....

   ....

   c. Jeremías 2:22

   ....

   ....

   ....

   ....

   ....

   ....

d. Jeremías 13:23

....

....

....

....

....

....

Resumen

El hombre nace en pecado, con una naturaleza corrupta que es hostil a Dios y Su voluntad. Más aún, no puede reformarse a sí mismo ni hacerse de alguna manera aceptable delante de Dios. El problema del hombre no tiene remedio separado de las misericordias de Dios. Solo Dios es capaz de reconciliar al hombre consigo mismo a través de la obra expiatoria de Jesucristo, y transformarlo a través de la obra regeneradora del Espíritu Santo. El camino para la salvación de la humanidad no es a través de la autonomía, la confianza en uno mismo o las reformas personales; es a través de regresar a Dios por medio de su Hijo Jesucristo.

Esclavos de Satanás

Antes de que entremos en el estudio del carácter y la universalidad del pecado, es importante que consideremos la relación del hombre caído con Satanás. Veremos que el hombre caído no está simplemente separado de Dios, sino que también está unido a Satanás en su hostilidad hacia Dios y su rebelión contra Él.

En el principio, Adán era libre para obedecer a Dios y ejercer dominio sobre toda la tierra. Como resultado de su rebelión contra Dios, tanto él como su raza cayeron en corrupción y esclavitud. Desde la Caída, todo hijo e hija de Adán nace cautivo al pecado y esclavizado a Satanás. Aunque pocos hombres se considerarían «seguidores» del diablo, las Escrituras testifican que todos los hombres nacen bajo su dominio y están cautivos por él para hacer su voluntad. Aunque es adecuado usar el término «esclavos», debemos entender que el hombre no es una víctima retenida en contra de su voluntad. El hombre caído es un culpable que ha rechazado el gobierno de Dios y se ha entregado al gobierno de Satanás.

El gobierno de Satanás

Debemos tener mucho cuidado cuando hablamos del gobierno y poder de Satanás. Dios y el diablo no son poderes iguales atrapados en alguna lucha cósmica para ganar el universo. El diablo es una criatura finita, a quien Dios creó y sobre quien Dios gobierna con total soberanía. Aunque la rebelión de Satanás contra Dios es de su propia autoría, ha sido ordenada y permitida por Dios para Sus propósitos y Su gloria.

Sin negar o disminuir la verdad de la soberanía absoluta de Dios, podemos decir que hay un sentido muy real en el que este mundo caído presente y sus habitantes caídos están bajo el poder del maligno. Las Escrituras tienen abundante testimonio acerca de esta verdad.

1. En Lucas 4:5-6, Satanás hace una declaración acerca de sí mismo y su relación con este mundo caído. ¿Qué es lo que declara y qué quiere decir?

....

....

....

....

....

NOTA: Es importante notar dos cosas aquí. Primero, Jesús no disputa la declaración del diablo; hay un sentido real en el que Satanás tiene potestad en este mundo. Segundo, mientras se jacta, Satanás dice que esta potestad le «ha sido entregada». El gobierno del diablo es permitido y limitado por Dios.

2. Es importante entender que la declaración de Satanás en Lucas 4:6 no es una jactancia vana. ¿Qué nos enseña 1 Juan 5:19 acerca de esta verdad?

....

....

....

....

....

NOTA: Las Escrituras declaran que este mundo caído y sus habitantes caídos están sujetos firmemente por la mano del diablo. El hombre caído busca ganar independencia de Dios y, al hacerlo, inconscientemente se hace esclavo de Satanás. Esta es una verdad aterradora.

3. En las Escrituras, un nombre es importante porque comunica algo acerca de la persona que lo lleva. ¿Cuáles son los nombres o títulos dados a Satanás en las siguientes Escrituras?

   a. El p_____________ de este m____________ (Jn. 12:31; 14:30; 16:11). Dios es el soberano absoluto sobre todas las cosas, pero hay un sentido real en el que Satanás ha recibido dominio para gobernar sobre este mundo caído. Con un gobernante como este, ¿hay alguna duda sobre por qué este siglo está lleno de tanta maldad y el hombre caído sufre tanta miseria?

   b. El d________ de este s________________ (2 Cor. 4:4). El testimonio seguro de las Escrituras es que solo hay un Dios verdadero. Aquí, Satanás es llamado «el dios de este siglo» solo en el sentido de que está trabajando con poder en el presente siglo malo; los hombres caídos lo han hecho su «dios» y viven de acuerdo con su voluntad.

   c. El p______________ de la p______________ del a_______ (Efe. 2:2). Satanás es espíritu; como tal, no está limitado por las restricciones materiales que atan al hombre. Su poder y autoridad van mucho más allá de los de cualquier príncipe terrenal.

Satanás y el hombre caído

Tanto Satanás como el hombre son criaturas caídas, y hay gran afinidad entre ellos (*i.e.* tienen mucho en común). Son similares en su corrupción moral y su enemistad contra Dios. Aunque este hecho es repulsivo para la mayoría, no obstante es cierto. Hay tanta similitud moral entre el hombre caído y Satanás que, antes de la conversión, todos los hombres son considerados no solo súbditos de Satanás, sino también sus hijos.

1. De nuestro estudio de las Escrituras hemos aprendido que Satanás se describe como príncipe y dios de la raza caída de Adán, y que obra de manera efectiva entre ellos. ¿Cómo se describe al hombre caído en las siguientes Escrituras? Llena los espacios en blanco y luego escribe tus reflexiones.

   a. El hombre caído es un h________________ del d________________ (1 Jn. 3:8-10; mira también Jn. 8:44).

   ....

   ....

   ....

   ....

NOTA: Las Escrituras niegan la paternidad universal de Dios (*i.e.* que Dios ha hecho de todos los hombres Sus hijos); más bien, la raza de Adán está dividida en dos categorías. Están los hijos del diablo, quienes rechazan la oferta de misericordia de Dios y permanecen en su rebelión contra Él. Se muestran como hijos del diablo al practicar las obras pecaminosas de su padre, el diablo. Y están los hijos de Dios, quienes reciben el perdón de Dios y la adopción como hijos a través de la muerte expiatoria de Jesucristo. Ellos se muestran como hijos de Dios en que practican las obras justas de su Padre celestial.

   b. El hombre caído vive bajo la p______________________ de S______________ (Hch. 26:18; ver también Col. 1:13).

   ....

   ....

   ....

   ....

NOTA: La palabra «potestad» se refiere al poder, autoridad o jurisdicción de Satanás. Vivir bajo la potestad de Satanás es vivir bajo su gobierno.

c. El hombre caído vive c______________________ al p________________ de la potestad del aire (Efe. 2:2).

....

....

....

....

NOTA: La frase «conforme al» viene de la preposición griega */katá/*, que en este contexto denota acuerdo o conformidad. El título «príncipe de la potestad del aire» transmite dos verdades importantes: (1) Satanás tiene una medida de soberanía sobre la humanidad; y (2) Satanás es espíritu, no está limitado por las restricciones materiales que atan al hombre. Su poder y autoridad van mucho más allá de los de cualquier príncipe terrenal.

d. El hombre caído está atrapado en el l________________ del d_______________ (2 Tim. 2:26).

....

....

....

....

NOTA: El lazo es una especie de trampa que se utilizaba en tiempos antiguos para atrapar aves y otros animales. Era un artefacto escondido que enredaba inesperada y súbitamente a un animal. Sirve como una ilustración excelente para la obra mortal de Satanás.

e. El hombre caído está c______________ a la v______________ del diablo (2 Tim. 2:26).

....

....

....

....

NOTA: Satanás captura al hombre para esclavizarlo y usarlo para hacer su voluntad en este mundo caído. Una vez más, es importante notar que el hombre no es una víctima reacia del diablo; más bien, es un transgresor culpable de la ley que, a través de la desobediencia, se ha alineado a sí mismo con el diablo.

2. De nuestro estudio de las Escrituras hemos aprendido que Satanás se describe como príncipe y dios de la raza caída de Adán. De acuerdo con las siguientes Escrituras, ¿cómo obra Satanás entre los hombres caídos? ¿Cómo es que los hace sus súbditos y los esclaviza para hacer su voluntad? Considera las siguientes Escrituras, y escribe tus reflexiones sobre los métodos mencionados.

   a. Satanás oculta su verdadera identidad (2 Cor. 11:14-15).

   ....

   ....

   ....

   ....

   ....

NOTA: A través de la historia humana, incontables errores teológicos y sectas han sido creados por aquellos que han desechado la Palabra de Dios y propagado enseñanzas que supuestamente reciben de voces, visiones, sueños o visitas angelicales.

   b. Satanás miente y engaña (Jn. 8:44; Apo. 12:9).

   ....

   ....

   ....

   ....

   ....

NOTA: Jesús enseñó que el conocimiento de la verdad libera al hombre (Jn. 8:32). Por lo tanto, no es una sorpresa que torcer la verdad es el arma más común y poderosa de Satanás para traer a los hombres a la esclavitud y la muerte.

   c. Satanás ciega a los hombres a la verdad (2 Cor. 4:4).

   ....

   ....

   ....

   ....

NOTA: El dominio de Satanás es uno de oscuridad, ignorancia, corrupción moral y muerte. Él ciega a aquellos en rebelión contra Dios a través del engaño, la confusión, la vanidad y el orgullo. Esta ceguera solo puede ser quitada por la luz del evangelio y la obra iluminadora del Espíritu Santo. Jesús vino a dar vista a los ciegos (Luc. 4:18). El ministerio del apóstol Pablo fue para abrir los «ojos [de los hombres], para que se conviertan de las tinieblas a la luz, y de la potestad de Satanás a Dios; para que reciban, por la fe que es en mí [en Cristo], perdón de pecados y herencia entre los santificados» (Hch. 26:18).

d. Satanás tienta (Mat. 4:3; 1 Tes. 3:5).

....

....

....

....

....

NOTA: Satanás tienta a los hombres y, por lo tanto, es referido como el «tentador». La palabra «tentar» viene de la palabra griega */peirázō/*, que significa «tentar, probar o examina». Cuando la palabra se utiliza con respecto a Dios tratando con el hombre, siempre se traduce como probar, y tiene el propósito de revelar lo que hay en el corazón del hombre y llevarlo a una mayor santificación. Santiago escribe: «Cuando alguno es tentado, no diga que es tentado de parte de Dios; porque Dios no puede ser tentado por el mal, ni él tienta a nadie» (Sant. 1:13). Sin embargo, cuando la palabra se usa con relación a Satanás, denota tentación con el propósito de causar que el hombre peque. Es importante notar que cuando un hombre cae a través de la tentación no tiene excusa ni pretexto para culpar a Satanás. Cada hombre es responsable de sus propias acciones y carga la culpa por estas. Santiago continúa diciendo en el versículo 14: «sino que cada uno es tentado, cuando de su propia concupiscencia es atraído y seducido».

El Carácter y la Universalidad del Pecado

La pecaminosidad del pecado

Para comenzar nuestro estudio sobre la participación personal de cada hombre en la rebelión de Adán, debemos tener un entendimiento correcto de la naturaleza o carácter del pecado. Por lo tanto, es necesario que estudiemos los diferentes atributos y manifestaciones del pecado como son revelados en las Escrituras. Al hacer esto, descubriremos que el pecado es mucho más que un error de juicio moral o incluso más que la desobediencia a una ley impersonal. El pecado es un crimen en contra de la persona de Dios. En nuestro estudio, debemos hacer más que simplemente definir términos; debemos recuperar un entendimiento bíblico de la *pecaminosidad del pecado*. Vivimos en un mundo y adoramos en iglesias que, en su mayoría, ya no entienden la naturaleza atroz del pecado; por lo tanto, debemos darnos a la tarea de redescubrir lo que se ha perdido. Nuestro entendimiento de Dios y de la grandeza de nuestra salvación en Cristo depende de ello.

El pecado siempre es contra Dios

El pecado siempre es, en primer lugar, contra Dios, y es una afrenta a Su persona. Desobedecer un mandato divino es apretar el puño delante del rostro de Aquel que da vida a todo y gobierna sobre todo. Hoy, si las personas siquiera hablan del pecado, hablan del pecado en contra del hombre, del pecado en contra de la sociedad, o incluso del pecado en contra de la naturaleza; pero raramente escuchamos acerca del pecado en contra de Dios. Una persona se considera buena si tiene buenas relaciones con los hombres, incluso si vive con completa indiferencia hacia Dios y Su voluntad. Frecuentemente escuchamos la pregunta ¿cómo es que Dios puede juzgar a un ateo que es buena persona?, pero esto muestra una ceguera ante el hecho de que cualquier hombre que niega a su Creador y no entrega nada a Aquel que le ha dado todas las cosas no puede ser bueno. Las Escrituras nos cuentan que el rey David mintió a su pueblo, cometió adulterio, e incluso planificó el asesinato de un hombre inocente. Sin embargo, cuando fue confrontado por sus pecados, clamó a Dios: «Contra ti, contra ti solo he pecado, y he hecho lo malo delante de tus ojos» (Sal. 51:4). David sabía que todo pecado es, en primer lugar, contra Dios. Hasta que uno no comprende esta verdad, no puede llegar a entender la naturaleza atroz del pecado.

El pecado es fracasar en amar a Dios

El más grande de todos los pecados es la violación del más importante de los mandamientos: «Y amarás al Señor tu Dios con todo tu corazón, y con toda tu alma, y con toda tu mente y con todas tus fuerzas» (Mar. 12:30). Cristo declaró: «Si me amáis, guardad mis mandamientos» (Jn. 14:15). Por lo tanto, toda desobediencia es una demostración de falta de amor hacia Dios. Por esta razón, cuando el apóstol Pablo buscó probar la depravación de la humanidad en los primeros tres capítulos del libro de Romanos, se refirió a la raza de Adán como «aborrecedores de Dios» (Rom. 1:30). No se podría hacer una acusación mayor en contra del hombre caído. La falta de amor hacia Dios está en el corazón mismo de toda rebelión. Adicionalmente, aunque un hombre sea muy religioso y consciente de la ley y el deber divino, sin embargo, seguirá siendo un terrible pecador delante de Dios si su obediencia está impulsada por cualquier otra cosa que no sea el amor a Dios.

El pecado es fracasar en dar la gloria a Dios

Las Escrituras declaran que el hombre fue creado para la gloria de Dios y que todo lo que el hombre hace, incluso las tareas sencillas como comer y dormir, deben hacerse para la gloria de Dios (1 Cor. 10:31). Glorificar a Dios es estimar la dignidad de Dios por sobre todas las cosas; deleitarse en Dios; estar satisfecho en Dios; y vivir delante de Dios con la reverencia, gratitud y adoración que le es debida. El pecado es exactamente lo opuesto a glorificar a Dios. Cuando el hombre peca, se convierte en lo opuesto a la razón por la que fue creado. Un hombre pecador es una criatura que se ha trastornado y ha pervertido la razón misma de su existencia. Él ha reemplazado la gloria de Dios por la suya y la voluntad de Dios por su propia determinación. El apóstol Pablo escribe: «Pues habiendo conocido a Dios, no le glorificaron como a Dios» y «cambiaron la verdad de Dios por la mentira, honrando y dando culto a las criaturas antes que al Creador, el cual es bendito por los siglos» (Rom. 1:21, 25). Las raíces del pecado son mucho más profundas de lo que vemos en la superficie. El pecado consiste en que el hombre se niega a reconocer el derecho de Dios a ser Dios. El pecado es la determinación del hombre de ponerse por encima del Creador, usurpar Su trono y robar Su gloria. El pecado es fundamentalmente negarse a glorificar a Dios como Dios, y se manifiesta siempre que el hombre busca su propia gloria en lugar de la de Dios.

El pecado es impío y despiadado

La palabra «impío» denota que el hombre se niega a reconocer a Dios como Dios y un deseo de vivir una existencia sin Dios, libre de Su soberanía y ley. La palabra «despiadado» denota que el hombre se niega a ser conformado al carácter y la voluntad de Dios y se inclina hacia la depravación moral en lugar de la semejanza a Dios. Se ha dicho que el mejor cumplido que se puede hacer a un hombre es expresar un deseo de estar con él y de ser como él. El pecado revela un deseo interno por vivir sin Dios y ser distinto a Dios. ¡Esta es una gran afrenta a Dios!

El pecado es rebelión y obstinación

En 1 Samuel 15:23, las Escrituras declaran: «Porque como pecado de adivinación es la rebelión, y como ídolos e idolatría la obstinación». La palabra «rebelión» traduce la palabra hebrea */meri/*, que significa «ser contencioso, rebelde o desobediente a algo». La palabra «obstinación» traduce la palabra hebrea */patsar/*, que literalmente significa «presionar o empujar»; denota alguien que es molesto, insolente, arrogante y presuntuoso. No hay pecados pequeños, porque todo pecado es rebelión y obstinación. Practicar cualquier forma de rebelión es tan malvado como participar en algún ritual pagano o demoniaco. Practicar cualquier forma de obstinación es tan malvado como participar en grave iniquidad o rendir adoración a un dios falso.

El pecado es infracción de la ley

En 1 Juan 3:4, las Escrituras declaran: «Todo aquel que comete pecado, infringe también la ley; pues el pecado es infracción de la ley». La frase «infracción de la ley» traduce la palabra griega */anomia/* [*/a/* = sin, no + */nómos/* = ley]. «Infringir la ley» es vivir «sin ley» o como si Dios jamás hubiera revelado Su voluntad a la humanidad. Una persona podría «infringir la ley» desafiando abiertamente el gobierno y la ley de Dios, o simplemente estando sin preocuparse y siendo voluntariamente ignorante. En cualquier caso, la persona está mostrando desprecio a Dios y Su ley.

El pecado es traición

La palabra «traición» denota un acto engañoso y desleal hacia otro. A través de las Escrituras, la traición es un elemento encontrado en todo pecado (Eze. 18:24), en la rebelión (Isa. 48:8), en abandonar al Dios verdadero por los ídolos (1 Cor. 5:25) y en cualquier forma de apostasía o al alejarse de Dios (Sal. 78:57). Todo pecado es traición a Aquel que nos creó y amorosamente sostiene nuestras vidas.

El pecado es una abominación

El pecado, más que cualquier otra cosa, es una abominación para Dios. Una abominación es algo inmundo, repugnante y abominable, que es reprobable y despreciable para Dios; es algo que Él aborrece (Pro. 6:16). En las Escrituras, todo pecado es una abominación, y pecar es actuar abominablemente (Eze. 16:52). Proverbios 28:9 declara: «Al que aparta su oído para no oír la ley, su oración también es abominable». Proverbios 15:8-9 declara que el estilo de vida y el sacrificio del impío son abominación para Dios. Toda idolatría (Deut. 7:25) y todos los actos de injusticia (Deut. 25:16) son abominación delante del Señor; también cualquier persona que es malvada (Pro. 3:32; 15:26), mentirosa (Pro. 12:22), perversa de corazón (Pro. 11:20) o altiva de corazón (Pro. 16:5). En Apocalipsis 21:8, 27, las Escrituras concluyen con la advertencia de que los abominables y los que practican abominación sufrirán castigo eterno.

El pecado es no dar en el blanco

La palabra hebrea más común para «pecado» en el Antiguo Testamento es */jatá/* que significa «fallar el tiro al blanco, perder el camino o extraviarse». Se utiliza en Jueces 20:16, cuando se relata que los hombres de Benjamín podían tirar una piedra con la honda a un cabello y no «errar». También se utiliza en Proverbios 19:2 para advertir que aquel que apresura sus pasos «peca» o «yerra» (NVI). En el Nuevo Testamento, la palabra griega más común para «pecado» es */hamartánō/*, que también puede ser traducida como «no dar en el blanco, errar, estar equivocado o desviarse del camino». De acuerdo con las Escrituras, el blanco o meta hacia el cual el hombre debe apuntar es la voluntad de Dios. Cualquier pensamiento, palabra, u obra que no se conforman a la voluntad de Dios, son pecado. Es importante notar que el pecado (*/jatá/* o */hamartánō/*) nunca se ve como un error inocente o una equivocación honesta; más bien, siempre es un acto voluntario de desobediencia que resulta de la corrupción moral del hombre y su rebelión contra Dios.

El pecado es transgredir el límite

En el Antiguo Testamento, la palabra «transgredir» traduce a palabra hebrea */abar/*, que significa «cruzar o pasar por encima, pasar a través o sobrepasar». Transgredir el mandamiento de Dios es ir más allá de lo que está permitido por Sus mandamientos; es ignorar las restricciones impuestas sobre nosotros por la ley de Dios, y correr más allá de sus límites. En el Nuevo Testamento, la palabra «transgredir» traduce la palabra griega */parabaínō/*, que significa «ir hacia el lado de, pasar, sobrepasar, o pasar sobre». En Mateo 15:2-3 se encuentra un excelente ejemplo de la idea de */parabaínō/*. Los fariseos le preguntaron a Jesús: «¿Por qué tus discípulos quebrantan [*/parabaínō/*] la tradición de los ancianos? Porque no se lavan las manos cuando comen pan». Jesús respondió: «¿Por qué también vosotros quebrantáis [*/parabaínō/*] el mandamiento de Dios por vuestra tradición?».

La universalidad del pecado

Ahora que hemos visto algo acerca de la pecaminosidad del pecado, debemos volver nuestra atención a una de las doctrinas más importantes de toda la Escritura: *la universalidad del pecado*. El pecado no es un fenómeno raro o inusual reducido a una pequeña minoría de la raza humana; es universal en su alcance. Las Escrituras son claras en que «todos pecaron, y están destituidos de la gloria de Dios» (Rom. 3:23). No hay un solo miembro de la raza de Adán que no se le haya unido en la rebelión que él comenzó. Aquellos que niegan esta verdad deben negar el testimonio de las Escrituras, de la historia humana y de sus propios pensamientos, palabras y obras pecaminosas.

1. En Romanos 3:23, se encuentra uno de los pasajes más importantes en todas las Escrituras con respecto a la pecaminosidad y desobediencia de todos los hombres. ¿Qué nos enseña este pasaje?

   ....

   ....

   ....

   ....

   ....

   ....

NOTA: La palabra «pecaron» viene de la palabra griega */hamartánō/*, que también puede ser traducida como «no dar en el blanco, errar, estar equivocado o desviarse del camino». La frase verbal «están destituidos de la gloria de Dios», es probablemente una referencia al constante fracaso del hombre en hacer todas las cosas para gloria, honor y deleite de Dios. El apóstol Pablo escribe en otro lugar: «Pues habiendo conocido a Dios, no le glorificaron como a Dios» (Rom. 1:21).

2. Las Escrituras están llenas de innumerables referencias a la pecaminosidad y desobediencia voluntaria del hombre en contra de Dios y Su voluntad. ¿Qué nos enseñan las siguientes Escrituras acerca de la desobediencia universal de todos los hombres?

   a. 1 Reyes 8:46

      ....

      ....

      ....

      ....

      ....

      ....

NOTA: La palabra «pecaren» viene de la palabra hebrea */jatá/*, que significa «no dar en el blanco, perder el camino o extraviarse».

b. Salmo 143:2

....

....

....

....

....

....

NOTA: La palabra «justificará» viene de la palabra hebrea */tsadáq/*, que significa «ser justo o justificado». En las Escrituras, la persona y la voluntad de Dios es el estándar para toda justicia. Ser justo es ser conformado al carácter y voluntad de Dios.

c. Proverbios 20:9

....

....

....

....

....

....

NOTA: La palabra «pecado» viene de la palabra hebrea */jatá/* (ver definición arriba).

d. Eclesiastés 7:20

....

....

....

....

....

NOTA: La palabra «justo» viene de la palabra hebrea */tsaddiq/*, que denota a alguien que es justo, justificado o sin culpa. El verbo «peque» viene de la palabra hebrea */jatá/* (ver definición arriba).

e. Isaías 53:6

....

....

....

....

....

NOTA: Aquí vemos no solo el veredicto divino con respecto a la pecaminosidad del hombre, sino también el único remedio posible: el Mesías llevando el pecado del hombre, sufriendo la ira de Dios y muriendo en el lugar del hombre (vv.4-5, 10).

3. En Romanos 3:9-12 se encuentra una colección de citas del Antiguo Testamento, ordenada por el apóstol Pablo para demostrar la pecaminosidad universal de la humanidad y su desobediencia voluntaria contra Dios. Lee el texto varias veces hasta que estés familiarizado con su contenido. Después, escribe tus reflexiones en cada una de las porciones a continuación.

   a. ¿Qué, pues? ¿Somos nosotros mejores que ellos? En ninguna manera; pues ya hemos acusado a judíos y a gentiles, que todos están bajo pecado (v.9).

   ....

   ....

   ....

   ....

   ....

   b. Como está escrito: No hay justo, ni aun uno (v.10).

   ....

   ....

   ....

   ....

   ....

NOTA: La palabra «justo» viene de la palabra griega */díkaios/*, que denota aquello que es justo, recto, sin culpa o inocente. Como su equivalente hebrea (*/tsaddiq/*), lleva la idea de alguien que actúa conforme a la naturaleza y voluntad de Dios.

c. No hay quien entienda, No hay quien busque a Dios (v.11).

....

....

....

....

....

NOTA: Debemos recordar que esta falta de entendimiento está directamente relacionada con la rebelión e insubordinación del hombre. El hombre es voluntariamente ignorante de Dios porque suprime la verdad (Rom. 1:18) y no desea conocer Sus caminos (Job 21:14-15). La razón por la que el hombre no busca a Dios conforme a como Dios lo ha mandado se encuentra en Juan 3:19-20.

d. Todos se desviaron, a una se hicieron inútiles (v.12).

....

....

....

....

....

NOTA: La frase «se desviaron» viene de la palabra griega */ekklínō/*, que también puede ser traducida como «inclinarse, desviarse o pervertirse». La palabra «inútiles» se traduce de la palabra griega */ajreióō/*, que denota algo o alguien que se ha vuelto infructuoso o sin valor.

e. No hay quien haga lo bueno, no hay ni siquiera uno (v.12).

....

....

....

....

NOTA: Esta es una acusación poderosa contra todo aquel que crea que estar bien delante de Dios puede conseguirse a través del mérito personal.

4. El testimonio de la Escritura contra todos los hombres es contrario a la creencia humanista popular de la bondad inherente en el hombre. Por esta razón, muchos rechazan hoy la visión bíblica del hombre a favor de una opinión más positiva. ¿Qué advertencia se da en 1 Juan 1:8-10, a aquellos que se oponen al testimonio bíblico en contra del hombre e insisten que no son pecadores?

....

....

....

....

....

....

Parte Tres

La Disposición de Dios hacia el Pecador

ANGUSTIA

La disposición de Dios hacia el pecador

Las Escrituras enseñan que Dios es el Juez santo y justo de su creación. Aunque Él es compasivo y piadoso, lento para la ira y grande en misericordia, de ninguna manera tendrá por inocente al malvado (Éxo. 34:6-7). Cuando la santidad, justicia y amor de Dios son retados por la depravación y rebelión del hombre, el resultado es juicio divino.

El rey Salomón declaró en Eclesiastés 7:29: «He aquí, solamente esto he hallado: que Dios hizo al hombre recto, pero ellos buscaron muchas perversiones». Este cambio en el hombre debe inevitablemente resultar en un cambio de la disposición de Dios hacia el hombre. El hombre fue creado «recto» y era una fuente de gran satisfacción para Dios. Esta satisfacción se ve en la declaración de que haber creado al hombre fue «bueno» (Gén. 1:31) y en las muchas bendiciones que Dios confirió al hombre (Gén. 1:26-30). Con el advenimiento del pecado, la disposición de Dios cambió: el gozo se convirtió en angustia, el favor en ira, la satisfacción en aborrecimiento, y la paz en enemistad.

Al pasar el tiempo, Dios continúa siendo «misericordioso y piadoso» hacia la humanidad rebelde. Él «hace salir el sol sobre malos y buenos, y que hace llover sobre justos e injustos» (Mat. 5:45). En la plenitud del tiempo, Él envió a su Hijo para morir por los pecados del mundo para traer reconciliación y paz a todos los que creyeran (Jn. 1:29; 2 Cor. 5:19). Finalmente, las Escrituras testifican que Dios extiende sus manos «todo el día» para ofrecer salvación a un «pueblo rebelde» (Isa. 65:2; Rom. 10:21). Aunque todo esto es completamente cierto, no debemos negar o ignorar la enseñanza de la Escritura con respecto a la disposición de Dios hacia el impío. En esta parte de nuestro estudio, consideraremos este aspecto del carácter y las obras de Dios.

Angustia

¿Puede un Dios todo suficiente y todopoderoso sufrir o experimentar angustia? Aunque debemos afirmar que el Dios de las Escrituras es autodeterminado (*i.e.* su disposición y sus acciones no son gobernadas por la disposición y las acciones de otros) e inmutable en Sus perfecciones (*i.e.* Él no cambia), debemos igualmente sostener la verdad de que Él no es apático o insensible ante la respuesta de sus criaturas hacia Él. Dios verdaderamente siente, ama, odia, se angustia, y es capaz de tener relaciones personales.

Cuando las Escrituras hablan de la angustia de Dios, siempre es en el contexto del pecado del hombre. Dios siente angustia por el pecado y la rebelión de sus criaturas. Este pesar es el resultado de la ofensa del pecado hacia Su santa persona y de la destrucción, miseria y pérdida que trae sobre Su creación.

1. En Génesis 6:6, encontramos una de las más grandes enseñanzas de las Escrituras con respecto a la reacción de Dios a la pecaminosidad y rebelión de Sus criaturas. Escribe tus reflexiones acerca de este pasaje. ¿Qué es lo que nos enseña?

   ....

   ....

   ....

   ....

   ....

NOTA: La palabra «dolió» viene de la palabra hebrea */atsab/*, que denota dolor, pena o angustia. La frase «en su corazón» es algo a lo que los teólogos se refieren como *antropomorfismo*: la atribución de características humanas o físicas a Dios para revelar algo acerca de Él. Dios es espíritu y no posee realmente un corazón. La frase simplemente nos comunica que Dios estaba verdadera y profundamente dolido. Es importante notar que este texto no nos enseña que Dios cambió de parecer acerca de haber creado al hombre, o que reconoció que fue un error haberlo hecho; más bien, simplemente muestra que la rebelión del hombre le causó pesar, le causó angustia. Lo que había sido una fuente de gozo se convirtió en una fuente de angustia por el pecado.

2. Ahora consideraremos otros tres pasajes muy importantes en el Antiguo Testamento, que se refieren a Dios doliéndose por los pecados del hombre. ¿Qué nos enseñan estos pasajes? Escribe tus reflexiones.

   a. Salmo 78:40

      ....

      ....

      ....

      ....

NOTA: Esta es una referencia al tiempo de Israel en el desierto, el cual fue resultado de negarse a entrar en la tierra de Canaán después de haber sido redimidos de la esclavitud en Egipto. La palabra «enojaron» viene de la palabra hebrea /*atsab*/ (ver definición arriba).

b. Isaías 63:10

....

....

....

....

....

NOTA: La palabra «enojar» viene de la palabra hebrea /*atsab*/ (ver definición arriba). Este pasaje tiene un paralelo en el Nuevo Testamento, en Efesios 4:30.

c. Ezequiel 6:9

....

....

....

....

....

NOTA: La palabra «quebranté» traduce la palabra hebrea /*shabar*/, que significa, «romper, romper en pedazos, destrozar o demoler». Nos entrega una viva imagen del alcance de la angustia de Dios por los pecados de su pueblo.

3. En el Nuevo Testamento se encuentra un pasaje importante con respecto a la angustia de Dios por la pecaminosidad y rebelión del hombre contra Él. Escribe tus reflexiones acerca de Efesios 4:30. ¿Qué es lo que nos enseña?

....

....

....

....

....

NOTA: La palabra «contristéis» viene de la palabra griega */lupéō/*, que también puede ser traducida como «afligir, entristecer, herir, o angustiar».

4. Es importante para nosotros entender que el pecado se muestra en la Escritura no solo como algo que causa pesar a Dios, sino también como algo que es una carga para Él. ¿Qué nos enseñan las siguientes Escrituras acerca de esta verdad?

   a. Isaías 43:24

   ....

   ....

   ....

   ....

   ....

NOTA: La frase «pusiste sobre mí la carga» viene de la palabra hebrea */abad/*, que significa «trabajar o laborar». Frecuentemente se asocia con la idea de poner a alguien a servir o poner una carga sobre un esclavo. La palabra «fatigaste» viene del verbo hebreo */yaga/*, que significa «esforzar, fatigar o agotar». Es importante entender que Dios no es debilitado por nuestro pecado, ni Su poder disminuido. El lenguaje figurativo se usa para ilustrar cómo los pecados del hombre causan angustia (o cargan) el corazón de Dios.

   b. Amós 2:13

   ....

   ....

   ....

   ....

   ....

NOTA: La palabra «apretaré» se traduce de la palabra hebrea */uq/*, que significa «aplastar o tambalear bajo el peso de algo». De nuevo, se utiliza lenguaje figurado para ilustrar cómo los pecados del hombre causan angustia en el corazón de Dios.

IRA

PARTE 1: LA NATURALEZA DE LA IRA DE DIOS

Cuando la santidad, justicia y amor de Dios se encuentran con la depravación, injusticia y falta de amor del hombre, el resultado inevitable es el enojo, indignación e ira de Dios. La palabra que se traduce como «ira» en el Antiguo Testamento viene de tres palabras hebreas diferentes: */qetsep/* (ira, enojo, indignación); */jemá/* (ira, enojo, disgusto, desagrado, furia, rabia, acaloramiento, veneno); y */'af/* (que literalmente significa, «fosa nasal» o «nariz»). Esta última palabra denota un enojo en el que la dilatación de las fosas nasales es una señal de este. En el Nuevo Testamento, la palabra «ira» traduce dos palabras griegas diferentes: */orgê/* (ira, enojo) y */thumós/* (enojo, indignación, pasión, rabia, ira). En las Escrituras, la ira divina se refiere al disgusto santo de Dios y Su indignación justa dirigida hacia el pecador y su pecado.

Al hablar de la ira de Dios, es importante entender que no es una emoción incontrolable, irracional o egoísta; más bien, es el resultado de Su carácter y un elemento necesario de Su gobierno. Debido a la naturaleza y carácter de Dios, Él debe reaccionar de manera adversa al pecado. Dios es santo, por lo tanto, rechaza el mal y no tiene comunión con los impíos. Dios es amor y ama celosamente todo lo que es bueno; ese amor tan intenso por la justicia se manifiesta igualmente en un intenso odio por todo lo que es malvado. Dios es justo, por lo tanto, debe juzgar la maldad y condenarla. La santidad, el amor y la justicia de Dios ocasionan que Él odie el pecado y se manifieste con una terrible y frecuentemente violenta ira contra este. Si el hombre es un objeto de la ira de Dios, es porque ha elegido retar la soberanía de Dios, violar Su santa voluntad y exponerse a sí mismo al juicio.

Hoy muchos rechazan la doctrina de la ira divina o cualquier enseñanza similar que sugiera que un Dios amoroso y misericordioso pudiera estar airado, o que Él manifestará esa ira en el juicio y la condenación de los pecadores. Argumentan que esas ideas no son más que las conclusiones erróneas de hombres primitivos que vieron a Dios como hostil, vengador e incluso cruel. Como cristianos, debemos rechazar cualquier doctrina que describa a Dios como cruel o ignore Su compasión. Sin embargo, no debemos abandonar la clara enseñanza de las Escrituras acerca de la doctrina de la ira y el castigo divino. Hay más referencias en las Escrituras al enojo y la ira de Dios que a Su amor, bondad y compasión. Dios es compasivo y clemente, lento para la ira y grande en misericordia; sin embargo, Él castigará a los pecadores que no se arrepienten para administrar justicia entre Sus criaturas y vindicar Su santo nombre.

1. Antes de continuar con nuestro estudio de la ira de Dios, es extremadamente importante que entendamos la santa y justa naturaleza de la ira de Dios. Aunque la ira del hombre es frecuentemente el resultado de pasiones pecaminosas, la ira de Dios es una manifestación de Su justicia y santidad.

   a. De acuerdo con Romanos 1:18, ¿por qué la ira de Dios cae sobre los hombres?

      ....

      ....

      ....

      ....

NOTA: La palabra «detienen» viene de la palabra griega */katéjō/*, que también puede ser traducida como «restringir, obstaculizar o retener». Aquí vemos que la revelación de la ira de Dios no es un acto caprichoso, sino la respuesta justa de un Dios santo a la injusticia del hombre.

   b. De acuerdo con Éxodo 15:7, ¿qué cosa acerca de Dios se revela en toda manifestación de su ira? Responde la pregunta llenando los espacios en blanco; luego explica el significado de este versículo.

      (1) La g____________________ de su p__________________________.

      ....

      ....

      ....

      ....

NOTA: La palabra «poder» traduce la palabra hebrea */gaon/*, que también denota exaltación, gloria, majestad y eminencia. La ira del hombre es frecuentemente una revelación de algún defecto o debilidad en su carácter. En contraste, la ira de Dios es una revelación de Sus perfecciones: Su santidad, justicia y amor.

2. De acuerdo con las Escrituras, la ira de Dios es tan intensa que no puede ser comprendida o resistida. ¿Qué nos enseñan los siguientes pasajes acerca de esta verdad?

   a. Salmo 90:11

   ....

   ....

   ....

   ....

   ....

NOTA: La palabra «conoce» viene de la palabra hebrea */yada/*, que significa «conocer». La idea es que nadie conoce el alcance completo de la ira de Dios hacia el impío. Incluso las demostraciones más poderosas de Su ira (*p. ej.* Sodoma y Gomorra o el diluvio) eran solo revelaciones limitadas o ejemplos. La frase «según que debes ser temido» denota que el temor de Dios en el hombre debe ser de acuerdo con, o en proporción a, la grandeza de la ira de Dios. Sin embargo, ningún hombre conoce la ira de Dios como verdaderamente es; por lo tanto, ningún hombre teme a Dios como debería hacerlo.

   b. Jeremías 10:10

   ....

   ....

   ....

   ....

   ....

   c. Jeremías 23:19-20

   ....

   ....

   ....

   ....

   ....

d. Nahúm 1:6

....

....

....

....

....

NOTA: Las preguntas son retóricas, y las respuestas obvias. Nadie individualmente, ni la creación entera, puede permanecer delante de la ira de Dios.

3. Es importante entender que la ira de Dios no está limitada a las Escrituras del Antiguo Testamento; también está claramente presente en muchas de las Escrituras del Nuevo Testamento. ¿Qué nos enseñan los siguientes pasajes del Nuevo Testamento acerca de la ira de Dios?

   a. Romanos 2:5-6

....

....

....

....

....

NOTA: La palabra «atesoras» viene de la palabra griega */thēsaurízō/*, que literalmente significa «almacenar un tesoro». A través de su desobediencia, los hombres almacenan ira como un tesoro. El «día de la ira y de la revelación del justo juicio de Dios» se refiere al final del tiempo y el juicio universal de todos los hombres.

   b. Efesios 5:3-6; Colosenses 3:5-6

....

....

....

....

....

NOTA: La idea principal que se presenta en ambos textos es la absoluta certeza de la ira de Dios que un día vendrá sobre los impíos. Los pecadores frecuentemente niegan la realidad del juicio divino y de la ira, y también se burlan de estas doctrinas y de quienes las proclaman (ver 2 Ped. 3:3-4).

4. En las Escrituras está claro que Dios no es solo un Dios de amor y misericordia sino también un Dios de ira y venganza. La santidad, el amor y la justicia de Dios causan que odie el pecado y que venga con terrible y violenta venganza en contra de este. Si un hombre desafía la soberanía de Dios y viola Su voluntad, entonces se expone a Su ira. De acuerdo con las siguientes Escrituras, ¿cómo deberían responder a esta verdad todos los hombres?

   a. Salmo 76:7

   ....

   ....

   ....

   ....

   ....

   ....

   b. Salmo 90:11-12

   ....

   ....

   ....

   ....

   ....

   ....

5. Aunque la realidad de la ira de Dios es innegable, también debemos entender que Él es misericordioso. Dios no se deleita en la muerte del impío; más bien, frecuentemente retrasa Su ira y da al pecador mucha oportunidad de apartarse de su pecado. Sin embargo, aquellos que continúan en rebelión ciertamente se enfrentarán a la ira de Dios. ¿Qué nos enseña Éxodo 34:6-7 acerca de esta verdad?

....

....

....

....

....

....

....

....

....

....

NOTA: Aquí vemos la misericordia de Dios revelada en Su perdón a los que se arrepienten y creen, y vemos el justo juicio de Dios revelado en su castigo a los que no se arrepienten ni creen. La referencia a los hijos y nietos se considera en Éxodo 20:5 con la frase «de los que me aborrecen». El juicio de Dios cae sobre los descendientes que continúan odiando a Dios como sus antepasados.

IRA

PARTE 2: DESCRIPCIONES BÍBLICAS DE LA IRA DE DIOS

En el capítulo anterior, vimos varios pasajes del Antiguo y el Nuevo Testamento para obtener entendimiento bíblico sobre la naturaleza de la ira de Dios. En este capítulo, continuaremos estudiando la ira de Dios, enfocándonos en parte del lenguaje que la Escritura usa para describirla.

1. ¿Cómo se describe a Dios en Nahúm 1:2? ¿Qué nos comunican estas descripciones acerca de Dios? Escribe tus reflexiones.

   a. Jehová es vengador y lleno de i_______________.

   ....

   ....

   ....

   ....

NOTA: La palabra «indignación» viene de la frase en hebreo */ba'al jemá/*. La palabra */ba'al/* se refiere a un dueño, propietario o señor. La palabra */jemá/* denota acaloramiento, rabia, enojo e ira. Si combinamos las palabras literalmente significan «dueño de ira ardiente».

   b. Y [el Señor] g_________________ e_____________ para sus e_________________.

   ....

   ....

   ....

   ....

NOTA: La palabra «enojo» traduce la palabra hebrea */jemá/* (ver arriba). La palabra «guarda» traduce la palabra hebrea */natar/*, que también puede ser traducida como «conservar o sostener». La idea de la ira siendo reservada o guardada también se nos revela en el Nuevo Testamento. En Romanos 2:5-6, el apóstol Pablo declara: «Pero por tu dureza y por tu corazón no arrepentido, atesoras para ti mismo ira para el día de la ira y de la revelación del justo juicio de Dios, el cual pagará a cada uno conforme a sus obras».

2. Es importante entender que la descripción de Dios como vengador y lleno de ira no está confinada al Antiguo Testamento. ¿Cómo se describe a Dios en las siguientes Escrituras del Nuevo Testamento? Explica el significado de estas descripciones.

   a. El Dios que d______ c________________ (Rom. 3:5).

   ....

   ....

   ....

   ....

   ....

NOTA: La palabra «da» traduce la palabra griega */epiférō/*, que significa «traer sobre o contra otro». La palabra «castigo» traduce la palabra griega */orgê/*, que denota ira o enojo. La ira divina no es meramente una consecuencia natural de las acciones pecaminosas; las Escrituras enseñan que Dios es *activo* en traer Su ira justa sobre el pecador que no se arrepiente.

   b. El Dios que es f_______________ c_________________ (Heb. 12:29).

   ....

   ....

   ....

   ....

NOTA: El fuego se usa frecuentemente en las Escrituras para describir la ira de Dios. Es una de las fuerzas de la naturaleza más aterradoras. La palabra «consumidor» viene de la palabra griega */katanalískō/*, que significa «agotar o gastar». La ira de Dios quema todo lo que está a su paso hasta que está completamente agotada, gastada o consumida. En Éxodo 15:7, Moisés declara: «Enviaste tu ira; los consumió [*i.e.* al impío] como a hojarasca». ¡Esto debería ser un pensamiento aterrador para el pecador que no se arrepiente!

3. A través de las Escrituras, varios términos diferentes se utilizan para describir la ira de Dios. Es necesario que consideremos el significado de estos términos para que podamos tener un mejor entendimiento de la ira divina.

   a. De acuerdo con las siguientes Escrituras, identifica los términos que se utilizan para describir la ira de Dios.

      (1) I_______________ (Éxo. 15:7). De la palabra hebrea */jarón/*, que denota ardor, fiereza y furia.

      (2) F_______________ (Deut. 9:19). De la palabra hebrea */jemá/*, que denota acaloramiento, rabia, enojo e ira.

      (3) A___________________ (Sal. 7:11). De la palabra hebrea */zaam/*, que comunica intenso enojo.

      (4) I______________________ (Sal. 90:11). Del sustantivo hebreo */ebrá/* que proviene de la raíz verbal */abár/* y significa «pasar sobre o rebosar». La ira de Dios es como un furioso río, rebosando sus márgenes y llevándose todo lo que está en su camino.

      (5) El a_________________ de la i_____________ de Jehová (Jer. 30:24). La frase se traduce de dos palabras en hebreo. La primera es */jarón/*, que denota ardor, fiereza o furia. La segunda es */'af/* que literalmente significa «fosa nasal» o «nariz». La palabra denota ese tipo de enojo en el que se dilatan las fosas nasales.

   b. Explica en tus propias palabras lo que estos términos nos comunican acerca de la ira de Dios.

....

....

....

....

....

....

....

....

....

....

4. A través de las Escrituras, encontramos muchas metáforas que se usan para comunicar la temible naturaleza de la ira de Dios en contra del pecador y su pecado. Abajo consideraremos algunas de las metáforas más importantes.

   a. De acuerdo con las Escrituras dadas, identifica las metáforas que se usan para describir la ira de Dios.

      (1) Un f_______________ que devora (Deut. 32:22).

      (2) Una e__________________ afilada (Sal. 7:12).

      (3) S___________________ ardientes (Sal. 7:13).

      (4) Una t__________________ que sale con furor (Jer. 30:23).

      (5) Una i_________________ i_________________ (Nah. 1:8).

      (6) Un G__________________ L___________________ (Apo. 14:19; ver también Isa. 63:2-6).

   b. Explica en tus propias palabras lo que estas metáforas nos comunican acerca de la ira de Dios.

      ....

      ....

      ....

      ....

      ....

5. En el Salmo 7:11-13 se encuentra una descripción muy reveladora de cómo la ira de Dios se manifiesta en contra del pecado. Lee el pasaje varias veces hasta que estés familiarizado con su contenido, luego escribe tus reflexiones. ¿Qué nos enseña este pasaje acerca de la ira de Dios?

   ....

   ....

   ....

   ....

   ....

NOTA: Hay varias verdades importantes que aprendemos de este texto. Primero, la indignación de Dios es un resultado de Su justicia, no de alguna imperfección en Su carácter. Segundo, la indignación de Dios es el resultado de la continua rebelión del hombre. Dios es misericordioso y piadoso, tardo para la ira y grande en misericordia (Éxo. 34:6-7). Él perdonará al pecador que se arrepiente, pero el pecador que no se arrepiente se hace a sí mismo objeto de la ira de Dios. Finalmente, Dios viene con su ira de manera activa y con un propósito en contra del pecador. El sufrimiento del pecador es más que meramente la consecuencia natural del pecado; es el resultado del juicio activo de Dios.

Aborrecimiento u Odio

Muy cercano a la ira o el enojo de Dios está Su aborrecimiento u odio tanto al pecado como al pecador. Otras dos palabras que se usan en asociación a esta disposición divina hacia el pecado son «detestar» y «abominar».

Una declaración popular que se usa con frecuencia en el cristianismo contemporáneo es: «Dios odia el pecado, pero ama al pecador». Aunque en un sentido esta declaración es verdadera, también es muy engañosa, porque solo muestra un lado de la moneda: dice una verdad a medias. Hay un sentido real en el que Dios ama al pecador y es benevolente para con él. Sin embargo, hay otro sentido igualmente real en el que el pecador es el objeto de la ira, santo disgusto, abominación, aborrecimiento y odio de Dios. Las Escrituras nos enseñan que Dios no odia y aborrece solo al pecado; más bien, esta disposición también se extiende hacia aquellos que practican el pecado. Debemos entender que es imposible separar el pecado del pecador. Dios no castiga al pecado; Él castiga a los pecadores. Es el hombre que practica el pecado, no el pecado como tal, el que está condenado a la ira de Dios en el infierno.

Es innegable que la Escritura usa palabras como «aborrecimiento» y «odio» para describir la disposición hacia el pecador que no se arrepiente. Por lo tanto, es imperativo que entendamos correctamente la verdad que está siendo comunicada. Consideraremos algunos puntos útiles.

En primer lugar, debemos entender la realidad del odio de Dios. El *Webster's Dictionary* define «odio» como «un sentimiento de extrema enemistad hacia alguien; tratar a alguien con hostilidad activa o tener fuerte aversión hacia otro; detestar, aborrecer o abominar». Aunque estas son palabras duras y ásperas, la mayoría (si no es que todas) se usan en las Escrituras para describir la relación de Dios con el pecado y el pecador.

En segundo lugar, debemos entender que el odio de Dios existe en perfecta armonía con todos Sus otros atributos. Contrario al odio del hombre, el odio de Dios es santo y justo. De hecho, el aborrecimiento de Dios hacia el mal —y hacia aquellos que lo practican— es el resultado de Su santidad, justicia y amor. Dios ama todo lo que es recto y bueno con la mayor intensidad; de manera correspondiente, odia todo lo que es perverso y malvado con igual intensidad. Considera esta verdad: somos criaturas caídas; sin embargo, cuando leemos del Holocausto de la Alemania Nazi, no podemos permanecer neutrales... nos quema una indignación, abominación y aborrecimiento justo, no solo contra los horrendos crímenes que se cometieron, sino también contra aquellos que los cometieron. ¡Cuánto más el Dios supremamente santo y justo, que considera el pecado infinitamente malvado, aborrecerá e incluso abominará tanto el pecado como al pecador!

En tercer lugar, debemos entender que la verdad de la ira de Dios y el odio hacia el pecador no es una negación de Su amor. Debido a la santidad, rectitud y justicia de Dios, Su ira está sobre el pecador que no se arrepiente (Jn. 3:36); Él está airado contra el impío todos los días (Sal. 7:11), y odia a todos los que hacen iniquidad (Sal. 5:5). Sin embargo, Su amor es de tal naturaleza que Él es capaz de ser benevolente, lleno de gracia y misericordioso para aquellos que son el mismo objeto de Su odio, y obrar en su beneficio para salvación. La santidad y justicia de Dios arden en contra del pecador. Sin embargo, con una mano Su misericordia detiene Su ira, y con la otra Él atrae al pecador para ser reconciliado a través del evangelio.

En cuarto lugar, debemos entender que el odio de Dios tendrá una manifestación final. Aunque la misericordia de Dios detiene Su ira y extiende una rama de olivo de paz para el pecador, llegará un tiempo en el que Él retirará Su oferta, y la reconciliación ya no será posible. En ese momento, todo lo que quedará para el pecador que no se arrepiente será la terrible manifestación de la ira y el santo odio de Dios contra el impío. Los hombres pecadores deberían considerar esta verdad con temor y temblor.

1. ¿Qué nos enseña el Salmo 5:4-5 acerca de la disposición de Dios hacia el pecado y el pecador que no se arrepiente?

....

....

....

....

....

....

NOTA: Dios no se deleita en el pecado porque Él es inherente, perfecta e infinitamente santo y justo. Él no puede ser tentado por el pecado (Sant. 1:13), ni puede soportar que el pecado esté en Su presencia, pues es una abominación hacia Él. Debido a Su santidad y justicia, Su odio es manifestado hacia todos aquellos que practican la iniquidad. La palabra «aborreces» traduce el verbo hebreo */sane/*. Este verbo y sus derivados tienen un significado básico de «odiar». «Expresa una actitud emocional hacia personas y cosas a las que uno se opone, detesta, desprecia, y para las cuales uno desea no tener contacto ni relación. Por lo tanto, es lo opuesto al amor. Mientras que el amor atrae y une, el odio separa y mantiene distancia. La persona que odia y la persona odiada se consideran enemigos o adversarios, y se consideran odiosas y completamente desagradables».[10]

2. El Salmo 5 no es el único que confirma el odio santo de Dios en contra del pecado y el pecador que lo practica y no se arrepiente. El Salmo 11:4-7 es otro texto muy importante acerca del odio de Dios. ¿Qué nos enseña este pasaje? Escribe tus reflexiones en cada una de las siguientes porciones:

   a. Jehová está en su santo templo; Jehová tiene en el cielo su trono (v.4).

   ....

   ....

   ....

   ....

   ....

   ....

NOTA: Aquí se nos comunican dos grandes verdades acerca de Dios: (1) Él es santo; y (2) Él es absolutamente soberano sobre toda la creación.

   b. Sus ojos ven, sus párpados examinan a los hijos de los hombres. Jehová prueba al justo (vv.4-5).

   ....

   ....

   ....

   ....

   ....

---

[10] R. Laird Harris, Gleason L. Archer, Jr., and Bruce K. Waltke; *Theological Wordbook of the Old Testament*, 2272b

NOTA: Aquí se nos comunican otras dos grandes verdades acerca de Dios: (1) Él es omnisciente —nada se esconde de Sus ojos ni está más allá de Su conocimiento—; y (2) Él examina los pensamientos, palabras y acciones de los hombres para recompensarlos de acuerdo con sus obras.

c. Pero al malo y al que ama la violencia, su alma los aborrece (v.5).

....

....

....

....

....

....

NOTA: En este salmo, el pecador es descrito como el «malo» y el que «ama la violencia» (v.5), en contraste con el «recto» (v.7). El odio de Dios no se limita solamente a aquellos que hacen violencia física; está activo hacia todos los que practican el pecado y están en contra de la justicia de Dios. La palabra «aborrece» traduce el verbo hebreo */sane/* (ver definición arriba, bajo el punto principal 1). La referencia al «alma» de Dios es un antropomorfismo; se atribuye una característica humana a Dios para comunicar una verdad acerca de Él. Cuando un hombre hace algo con todo su corazón o toda su alma, significa que lo está haciendo con la más grande intencionalidad e intensidad. Por lo tanto, la verdad que se comunica aquí es que Dios odia o aborrece al malo con la más grande intencionalidad e intensidad.

d. Sobre los malos hará llover calamidades; Fuego, azufre y viento abrasador será la porción del cáliz de ellos (v.6).

....

....

....

....

....

NOTA: Esta es una clara y certera descripción de la ira de Dios en contra del impío. Las metáforas más fuertes de calamidad y destrucción no pueden siquiera empezar a describir el juicio de Dios que caerá sobre el impío. Incluso la fiera destrucción de Sodoma y Gomorra es solo una descripción limitada de la ira de Dios (Gén. 19:24-25).

e. Porque Jehová es justo, y ama la justicia; El hombre recto mirará su rostro (v.7).

....

....

....

....

NOTA: Aquí se revela la razón del intenso odio que Dios manifiesta hacia el impío: Dios es justo y ama la justicia. Si Dios realmente ama la justicia con la más grande intensidad, Él aborrecerá las obras malvadas y a los hombres malos con igual intensidad.

3. Ahora consideraremos seis pasajes de la Escritura que emplean las palabras «aborrecer», «detestar», «repugnar» o «abominación» (o sus derivados). Nuestro objetivo es obtener un entendimiento más profundo del santo odio de Dios hacia el pecado y el pecador. Lee cuidadosamente cada texto y escribe tus reflexiones. ¿Qué nos enseñan estos pasajes?

   a. Levítico 20:23

....

....

....

....

NOTA: La palabra «abominación» viene del verbo hebreo */quts/*, el cual comunica repulsión, abominación, detestación, aborrecimiento u horror repugnante. Esta intensa reacción fue el resultado de las prácticas pecaminosas de la nación idólatra.

   b. Deuteronomio 18:12

....

....

....

....

NOTA: La palabra «abominación» viene de la palabra hebrea */toebah/*, que también puede ser traducida como «abominable o repugnante». El pecador que no se arrepiente es detestable para Dios porque sus obras son detestables para Dios.

c. Deuteronomio 25:16

....

....

....

....

NOTA: La palabra «abominación» viene de la palabra hebrea anterior: */toebah/*. El pecador que no se arrepiente es abominable para el Señor porque actúa injustamente.

d. Salmo 95:10

....

....

....

....

NOTA: La palabra «disgustado» viene del verbo hebreo */quts/*, que puede ser traducido como «detestar, sentir asco». El objeto del disgusto de Dios son los israelitas que perecieron en el desierto por su incredulidad y rebelión (versículo 11).

e. Tito 1:16

....

....

....

....

NOTA: La palabra «abominables» viene de la palabra griega */bdeluktós/*, que se deriva de la palabra */bdéō/*, que significa «apestar». Denota aquello que es detestable, aborrecible, nauseabundo o abominable. Una vez más, es la corrupción moral del pecador y su desobediencia a Dios lo que lo hacen detestable.

f. Apocalipsis 21:8

....

....

....

NOTA: La palabra «abominables» viene de la palabra griega */bdelússō/*, que también se deriva de */bdéō/* (ver la definición arriba). Aquí vemos el destino final de esos pecadores que no se arrepienten y se hacen a sí mismos objetos del odio de Dios: el lago de fuego y la muerte segunda.

Enemistad y Venganza

Para concluir nuestro estudio de la disposición de Dios hacia el pecador, consideraremos dos términos importantes que los cristianos contemporáneos no utilizan con frecuencia, pero que las Escrituras usan comúnmente para describir la reacción de Dios ante la corrupción moral y desobediencia del hombre: enemistad y venganza.

Enemistad

Frecuentemente escuchamos acerca de la incesante guerra del hombre pecador contra Dios, pero se enseña muy poco acerca de la incesante guerra de Dios contra el impío. La hostilidad entre Dios y el pecador no es unilateral; es mutua. Las Escrituras enseñan claramente que Dios considera que el pecador es Su enemigo, y que Dios ha declarado guerra contra el impío. La única esperanza del pecador es soltar su arma y levantar la bandera blanca de rendición antes de que sea demasiado tarde.

1. En Nahúm 1:2 se encuentra una referencia a la enemistad que Dios tiene hacia el pecador y el juicio que la acompaña. Identifica cómo se describe al pecador en este pasaje, y escribe tus reflexiones.

   a. [El Señor] se venga de sus a________________________.

   ....

   ....

   ....

   ....

   ....

NOTA: La palabra adversario viene de la palabra hebrea */tsar/*, que también puede ser traducida como «enemigo» o «rival».

b. Y [Él] guarda enojo para sus e________________________.

....

....

....

....

....

NOTA: La palabra enemigo se deriva del verbo hebreo */ayab/*, que significa «ser hostil hacia, ser enemigo, rival, o adversario».

2. Otra importante referencia del Antiguo Testamento a la enemistad de Dios contra el pecador se encuentra en Isaías 63:10. Este versículo no solo demuestra la enemistad de Dios contra el pecador, sino que también revela la razón de esta enemistad. Lee el texto y escribe tus reflexiones.

....

....

....

....

....

....

NOTA: La frase «se les volvió enemigo» viene del verbo hebreo */ayab/* (ve la definición arriba).

3. En Romanos 5:10 se encuentra una de las referencias más importantes en la Escritura acerca de la enemistad de Dios contra el pecador. También demuestra que esta doctrina no está limitada al Antiguo Testamento, sino que alcanza el Nuevo Testamento. Escribe tus reflexiones acerca de este pasaje.

....

....

....

....

....

....

NOTA: La palabra «enemigos» viene de la palabra griega */ejthrós/*, que denota un enemigo, alguien que es hostil o está en oposición a otro. En ocasiones se dice que el hombre es el enemigo de Dios, pero que Dios nunca es el enemigo del hombre. Esta declaración, sin embargo, es bien engañosa. En este pasaje se presentan ambas ideas; pero el lector debe tener en mente que la oposición del pecador hacia Dios es solo secundaria; la idea principal del texto es la santa oposición de Dios hacia el pecador.

Venganza

La venganza de Dios está relacionada muy de cerca con su ira. En las Escrituras, el deseo de venganza se presenta frecuentemente como un vicio del hombre malvado (Lev. 19:18; 1 Sam. 25:25, 30-33); por lo tanto, es difícil para nosotros entender cómo un Dios santo y amoroso podría ser un Dios de venganza. Lo que debemos entender es que la venganza de Dios está siempre motivada por Su celo por la santidad y la justicia.

Hoy, muchos rechazan la doctrina de la venganza divina o cualquier enseñanza que por lo menos sugiera que un Dios amoroso y misericordioso pudiera ser vengador. Ellos argumentan que esas ideas no son más que las conclusiones erróneas de hombres primitivos que vieron a Dios como hostil y cruel. Como cristianos, debemos rechazar cualquier doctrina que muestre a Dios como cruel o ignore Su compasión. Sin embargo, no debemos abandonar la clara enseñanza de la Escritura sobre la doctrina de la venganza divina. Dios es compasivo y clemente, lento para la ira y grande en misericordia; pero también es justo. Él castigará al pecador para vindicar Su nombre y administrar justicia entre Sus criaturas. A la luz del pecado del hombre, es correcto que Dios se vindique a Sí mismo. Dios pregunta tres veces en el libro de Jeremías: «¿Y no los he de castigar por esto? —afirma el SEÑOR—. ¿Acaso no he de vengarme de semejante nación?» (Jer. 5:9, 29; 9:9 NVI).

1. En las Escrituras, un nombre tiene gran significado y comunica algo acerca de la persona que lo lleva. ¿Qué nombre o título se le da a Dios en el Salmo 94:1? ¿Qué nos revela acerca de Él?

....

....

....

....

....

....

NOTA: La palabra «venganzas» se traduce de la palabra hebrea */neqamá/,* la cual puede traducirse como «venganza» o «revancha». La repetición del título comunica la certeza de lo que se está diciendo acerca de Dios. Él es un Dios de venganza, que ciertamente vengará el mal que se ha hecho contra Su persona, Su ley, y Su creación.

2. ¿Cómo se describe Dios en Nahúm 1:2? Explica el significado de estas descripciones. ¿Qué nos comunican acerca de Dios?

   a. Jehová es Dios c____________________ y v____________________.

   ....

   ....

   ....

   ....

NOTA: La palabra «celoso» viene de la palabra hebrea */qanó/*, que expresa un fuerte deseo o incluso celo de poseer o mantener posesión de algo o alguien. La palabra «vengador» se deriva de la palabra hebrea */naqam/*, que significa «vindicar o tomar venganza». La idea que trasmite es que Dios es celoso de Su propio honor. Él no compartirá Su gloria con nadie (Isa. 42:8), tampoco permitirá que sea despreciada por hombres pecadores a través de su idolatría y desobediencia. Él tomará venganza sobre el pecador que no se arrepiente y lo deshonra.

   b. [Jehová] se v_____________________ de sus a_______________________.

   ....

   ....

   ....

   ....

NOTA: La frase «se venga de» viene de la palabra hebrea */naqam/*, que también puede ser traducida como «vengar» o «imponer castigo sobre». La palabra «adversarios» viene de la palabra hebrea */tsar/*, que también puede ser traducida como «enemigo» o «rival». A través de su desobediencia, el pecador hace de Dios su enemigo y se abre a la venganza o el castigo de Dios.

3. En Deuteronomio 32:39-42, se encuentra una de las ilustraciones más aterradoras de la venganza de Dios contra aquellos que desprecian Su autoridad y violan Su ley. Lee el pasaje cuidadosamente, luego escribe tus reflexiones acerca de cada una de las siguientes porciones:

   a. Ved ahora que yo, yo soy, Y no hay dioses conmigo (v.39).

   ....

   ....

   ....

   ....

   ....

   ....

NOTA: Aquí, Dios declara Su supremacía sobre toda la creación. Él es el único Dios verdadero, y es el creador y sustentador de todo. Por lo tanto, (1) Él es digno de la adoración, acción de gracias y obediencia de los hombres; y (2) es correcto que Él requiera estas cosas de los hombres.

   b. Yo hago morir, y yo hago vivir; Yo hiero, y yo sano; Y no hay quien pueda librar de mi mano (v.39).

   ....

   ....

   ....

   ....

   ....

   ....

NOTA: Aquí, Dios declara su soberanía sobre toda la creación. Él es la realidad ineludible del hombre. Esta fue la gran lección que aprendió Nabucodonosor, rey de Babilonia, quien después de una gran humillación declaró: «Todos los habitantes de la tierra son considerados como nada; y él hace según su voluntad en el ejército del cielo, y en los habitantes de la tierra, y no hay quien detenga su mano, y le diga: ¿Qué haces?» (Dan. 4:35).

c. Si afilare mi reluciente espada, Y echare mano del juicio, Yo tomaré venganza de mis enemigos, Y daré la retribución a los que me aborrecen. Embriagaré de sangre mis saetas, Y mi espada devorará carne; En la sangre de los muertos y de los cautivos (vv.41-42).

....

....

....

....

....

NOTA: Estos son dos de los versículos más aterradores de las Escrituras. Así como el amor de Dios para el pecador que se arrepiente es incomprensible, también lo es su ira para el pecador que no se arrepiente. Considera dos verdades importantes: (1) la desobediencia obstinada es una manifestación del odio o desdén del pecador hacia Dios; y (2) la ira de Dios será derramada un día en su plenitud sobre aquellos que permanezcan sin arrepentirse. El impío será devorado como una figura de cera ante la explosión de un horno de fuego.

4. Ahora consideraremos dos pasajes más del Antiguo Testamento, que nos dan mayor entendimiento de la realidad y el significado de la venganza de Dios contra el pecador y su pecado. Escribe tus reflexiones acerca de cada pasaje.

   a. Deuteronomio 7:9-10

....

....

....

....

....

   b. Isaías 1:24

....

....

....

....

NOTA: La palabra «satisfacción» viene de la palabra hebrea */naján/*, que también puede ser traducida como «consolado». Hemos considerado la reacción de Dios frente a la rebelión del hombre: angustia, enojo y aborrecimiento. Ahora vemos que, al derramar Su ira y satisfacer las demandas de Su justicia, Dios se encuentra satisfecho o consolado.

5. La doctrina de la venganza divina no está limitada al Antiguo Testamento; también se enseña claramente en el Nuevo Testamento. Cuando la santidad y la justicia de Dios son confrontadas con la rebelión del hombre, el resultado siempre es ira y venganza. ¿Qué nos enseña Hebreos 10:30-31 acerca de esta verdad?

....

....

....

....

....

....

....

....

....

....

....

....

Parte Cuatro

El Juicio de Dios para el Pecador

DISCERNIENDO EL PROBLEMA DEL HOMBRE

Lección 17

SEPARADO DE DIOS

Habiendo considerado la disposición de Dios hacia el pecador que no se arrepiente, ahora consideraremos los juicios que resultan del pecado. Hay muchos en la actualidad que evitan la doctrina del juicio divino, y hay otros que incluso la niegan completamente. Sin embargo, si creemos que las Escrituras son la Palabra de Dios inspirada, debemos aceptar esta doctrina con la misma convicción que aceptamos otras. Dios es el juez de toda la tierra (Gén. 18:25), y Él castigará al impío de acuerdo con sus deudas.

Iniciaremos nuestro estudio con el que es posiblemente el más grande y fundamental de todos los juicios: *separación* o *alejamiento* de Dios.

Implicaciones de la separación entre el pecador y Dios

Así como la muerte física es la separación entre el alma y el cuerpo, la muerte espiritual es la separación entre nuestra alma y Dios. Dios es moralmente perfecto y separado de todo mal. Es imposible para Él deleitarse en el pecado o unirse en comunión con aquellos que practican la injusticia. Por lo tanto, la corrupción moral del hombre y su injusticia se levantan como un muro entre él y Dios, y hacen de la comunión con Dios algo imposible. Aunque este pecado sea removido, el hombre está destinado a vivir y morir fuera de la comunión con Dios, y a ser cortado de la plenitud de Su bendición.

Podemos empezar a comprender cuán devastador es el resultado del pecado para la humanidad, cuando consideramos sus implicaciones junto a las siguientes verdades acerca de Dios:

- Dios es el autor de toda vida, tanto física como espiritual: estar alejado de Dios, por lo tanto, es estar alejado de la vida misma.
- Dios es la fuente de todo conocimiento y luz: estar alejado de Dios, por lo tanto, es estar entregado a la ignorancia y oscuridad.
- Dios es la fuente infinita de gloria, valor y asombro: estar alejado de Dios, por lo tanto, es estar unido a todo lo que es bajo, indigno y mundano.

- Dios es el estándar de todo lo que es recto y bueno: estar alejado de Dios, por lo tanto, es ser entregado a todo lo que es injusto, pervertido y malvado.
- Dios es la razón para la existencia del hombre: estar alejado de Dios, por lo tanto, es estar alejado de todo propósito y significado, y ser entregado a la futilidad y desesperanza.

1. Habiendo considerado la bendición de Dios y las implicaciones negativas de estar separados de Él, escribe tus reflexiones. ¿Cuáles son los beneficios que brinda la cercanía a Dios? ¿Cuáles son las consecuencias de estar separados de Él?

....

....

....

....

....

....

....

....

Evidencia bíblica de la separación entre el pecador y Dios

Habiendo considerado varias de las implicaciones necesarias de estar separado de Dios, ahora veremos específicamente lo que las Escrituras enseñan acerca de este aspecto del juicio de Dios hacia el pecador.

1. De acuerdo con Génesis 2:16-17, ¿cuál sería el castigo si Adán desobedecía el mandamiento de Dios? ¿Cuál es el alcance de este castigo?

....

....

....

....

....

NOTA: El castigo por el pecado de Adán sería la muerte. Esta muerte no solo sería física, sino también espiritual y relacional. Relacionalmente, Adán sería alejado de Dios y de la vida que encuentra su fuente en Él. Todos los males que Adán experimentaría son resultado directo de esta ruptura de la comunión.

2. En Génesis 3:24 se ilustra poderosamente la separación inicial entre Dios y el hombre. Describe este evento y explica cómo aplica para todos los hombres.

....

....

....

....

....

....

NOTA: La palabra «echó» se traduce del verbo hebreo */garásh/*, que significa «llevar fuera, arrojar o expulsar». En su santidad, rectitud y justicia, Dios actuó con juicio sobre el hombre. Al mismo tiempo, impedir que el hombre viviera por siempre en este estado caído y miserable fue un acto de divina misericordia: «Y dijo Jehová Dios: He aquí el hombre es como uno de nosotros, sabiendo el bien y el mal; ahora, pues, que no alargue su mano, y tome también del árbol de la vida, y coma, y viva para siempre» (Gén. 3:22).

3. En su santidad, Dios no puede ser neutral hacia el pecado y aquellos que lo practican; más bien, Él debe odiar el pecado y apartarse de este como una abominación. ¿Qué nos enseña Habacuc 1:13 acerca de esta verdad?

....

....

....

....

....

....

4. Las Escrituras nos enseñan no solo que el pecado es repugnante para Dios, sino también que resulta en una comunión rota entre Dios y el pecador. ¿Qué nos enseñan las siguientes Escrituras acerca de esta verdad?

   a. Proverbios 15:29

   ....

   ....

   ....

   ....

   ....

   b. Isaías 59:1-2

   ....

   ....

   ....

   ....

   ....

NOTA: La separación entre Dios y el pecador no es el resultado de alguna falla moral en el carácter de Dios o de una falta en Su poder. Esta separación es el resultado directo de las deficiencias del hombre: su corrupción moral y obstinado pecado.

5. En el libro de Efesios encontramos varios textos que describen la gran separación que existió entre los paganos gentiles y el único Dios verdadero. Estos pasajes también sirven para ilustrar la gran separación que existe entre Dios y cualquier pecador, judío o gentil. ¿Cómo se describen los pecadores en las siguientes Escrituras?

   a. S__________ Cristo (2:12).

   b. A______________________ de la ciudadanía de Israel (2:12). Del verbo griego /*apallotrióō*/, que también puede ser traducido como «alienar» o «alejar». La palabra «ciudadanía» también puede traducirse «comunidad».

   c. A____________________ a los pactos de la promesa (2:12). De la palabra griega /*xénos*/, que también puede ser traducida como «extranjero».

   d. Sin e_____________________ (2:12).

e. Sin D__________ en el mundo (2:12). El hombre no tiene esperanza separado del Dios de las Escrituras y la promesa de reconciliación y vida eterna a través de la obra expiatoria de Jesucristo.

f. E____________________ y a____________________ (2:19). La palabra «extranjeros» viene de la palabra griega */xénos/*. La palabra «advenedizos» viene de la palabra griega */pároikos/*, [*/pará/* = al lado + */oíkos/* = casa]; se refiere a alguien de afuera, un extraño.

g. A____________________ de la vida de Dios (4:18). Del verbo en griego */apallotrióō/*, que también puede ser traducido como «alienar» o «alejar».

6. El Salmo 1:6 es un texto poderoso que nos ayuda a entender lo que significa estar alejado de Dios. Escribe tus reflexiones acerca de este versículo.

....

....

....

....

....

....

NOTA: La palabra «conoce» viene del verbo hebreo */yada/*, que denota conocimiento íntimo, relación y comunión. Dios está íntimamente familiarizado con el justo y trabajando en su vida para bien (Rom. 8:28), pero está alejado del impío. Esto no significa que el conocimiento de Dios es limitado con respecto a aquellos que son impíos o que no conoce sus obras. Dios conoce incluso los pensamientos más íntimos y las obras escondidas de los hombres más distanciados y malvados en la tierra.

7. Basado en las Escrituras que hemos estudiado en los puntos principales 1-6, explica cómo el pecado del hombre resulta en separación y ruptura de la comunión con Dios.

....

....

....

....

....

Expuesto a Miseria

En el capítulo anterior consideramos la separación de Dios como uno de Sus juicios hacia el impío. Ahora consideraremos Su juicio en la miseria que resulta de esta separación.

Exceptuando la realidad de la muerte, las miserias de la vida presente son posiblemente la más grande evidencia del juicio de Dios a causa del pecado. No solo somos criaturas caídas, sino que también vivimos en un mundo caído. Incluso en la fugacidad de nuestra existencia, somos cargados con grandes dificultades y sufrimientos que vienen de adentro y de afuera.

Hay una tendencia en el cristianismo actual a explicar estas miserias de la vida como consecuencias «naturales» del pecado y negar cualquier posibilidad de que puedan ser resultado de la soberanía, justicia e ira de Dios. Muchos buscan quitarle toda responsabilidad a Dios y tratar de alguna manera de protegerlo de las acusaciones de falta de amor o crueldad. Sin embargo, las Escrituras claramente revelan que las miserias temporales de esta vida son realmente, en distintos grados, resultado del juicio de Dios sobre el pecador y el mundo caído en el que habita. Romanos 1:18 nos enseña que «la ira de Dios se *revela* desde el cielo contra toda impiedad e injusticia de los hombres». Las miserias temporales de este mundo son solo un aspecto de esta revelación.

Aunque las miserias temporales que inundan todo aspecto de la vida humana son principalmente una revelación de la justicia e ira de Dios, no están ausentes de misericordia. Toda miseria y dificultad desde el nacimiento hasta la muerte es un recordatorio divino al hombre de su condición caída, de la corrupción de su alma y de su separación de Dios. El dolor del parto hace un llamado al hombre; las calamidades, los desastres naturales, las guerras, las pestilencias y las hambrunas de este mundo claman al hombre; las decepciones y frustraciones de esta vida gritan al hombre; las luchas internas de falta de satisfacción e inquietud claman al hombre; la siempre presente amenaza de la muerte es un llamado al hombre:

> «Estás perdido y debes ser encontrado. Estás separado y debes ser reconciliado. Estás caído y debes ser levantado. Estás dislocado y debes ser enderezado. Estás deformado y debes ser transformado».

1. En Génesis 3:16-19 se encuentra una descripción de la miseria que cayó sobre la humanidad y la creación como resultado del pecado. Explica cómo cada miseria es una revelación tanto del juicio de Dios como de Su misericordia.

   a. El juicio sobre la mujer (v.16)

   ....

   ....

   ....

   ....

   ....

NOTA: La cláusula «tu deseo será para tu marido» podría denotar lo siguiente: (1) la relación de la mujer con su esposo estaría marcada por el deseo y la falta de contentamiento; (2) la mujer, quien buscó independencia de Dios, ahora tendría un deseo desordenado o un ansia por el hombre; y (3) la relación entre el hombre y la mujer estaría ahora marcada por el conflicto: la mujer «desearía» dominar a su esposo, y él abusaría de su autoridad sobre ella.

   b. El juicio sobre el hombre (vv.17-19)

   ....

   ....

   ....

   ....

   ....

NOTA: El juicio que cayó sobre el hombre puede ser resumido en tres palabras: esfuerzo, inutilidad y muerte. Este ha sido el problema del hombre en cada generación. Incluso los más poderosos y ricos entre los hombres han sido incapaces de escapar de este juicio. Sin importar sus hazañas, todos han inclinado su cabeza al morir y perdido todo lo que han ganado.

2. Las consecuencias de la maldición que ha caído sobre el hombre desde la primera rebelión de Adán, se nos muestran claramente en la «literatura de sabiduría» de las Escrituras (*i.e.* Job, Salmos, Proverbios, Eclesiastés y Cantar de los cantares). ¿Qué nos enseñan los siguientes textos de la literatura de sabiduría, acerca de las inevitables miserias y frustraciones del hombre caído? ¿Cómo deberían estas verdades guiar al hombre de vuelta a Dios?

a. Job 5:7

....

....

....

....

....

NOTA: El significado de este versículo es que los problemas y aflicciones son tan ciertos y frecuentes para el hombre como las chispas que se levantan de una fogata. Nunca es sorprendente ver las chispas levantarse, porque es lo que más comúnmente hacen. De manera similar, nunca debería ser sorprendente cuando vemos a un hombre con aflicciones.

b. Job 7:1-2

....

....

....

....

....

c. Salmo 89:47

....

....

....

....

....

d. Eclesiastés 2:22-23

....

....

....

....

ENTREGADO AL PECADO

Las Escrituras enseñan que todos los hombres nacen espiritualmente muertos, moralmente depravados y capaces de una maldad casi sin límites. Si les fuera permitido dar rienda suelta a su depravación, el resultado sería la completa eliminación del hombre. Para la preservación de la sociedad, y para Sus propósitos y gloria, Dios restringe la maldad del hombre y lo guarda de ser tan malo como podría ser. Esta obra de restricción de Dios es lo único que está entre la humanidad y la autoaniquilación. Es una de las más grandes manifestaciones de la gracia de Dios hacia todos.

El acto divino de «entregar a los hombres» a sus pecados ocurre cuando Dios deja de frenar la maldad del hombre o por lo menos otorga al hombre más libertad para ejercer su depravación. Dios retira Su gracia de restricción y entrega a los hombres a la corrupción moral y la depravación de sus propios corazones. Esto inevitablemente lleva a la destrucción y es una de las manifestaciones más terribles de la ira de Dios. En este capítulo, consideraremos seriamente uno de los pasajes más oscuros en la Palabra de Dios: Romanos 1:18-32. Lo más aterrador de este pasaje, es que el juicio del que habla se ha manifestado en diferentes grados en cada generación desde la Caída, incluyendo la nuestra. Lee Romanos 1:18-32 varias veces hasta que estés familiarizado con su contenido, luego responde las siguientes preguntas:

1. De acuerdo con el versículo 18, ¿contra quién se revela la ira de Dios? ¿Por qué es así?

....

....

....

....

....

NOTA: La palabra «detienen» viene de la palabra griega */katéjō/*, que también puede ser traducida como «restringir, detener o retener».

2. De acuerdo con los versículos 19-20, ¿cómo es que las Escrituras pueden correctamente declarar que los hombres «no tienen excusa», incluso aquellos que jamás han tenido el privilegio de acceder a la revelación escrita de Dios en las Escrituras?

....

....

....

....

....

....

NOTA: Esto no significa que todos los hombres saben todo lo que puede ser conocido acerca de Dios o que a todos los hombres se les concede el mismo grado de revelación. Significa que todos los hombres —en todos los lugares y en todos los tiempos— poseen suficiente conocimiento del único Dios verdadero como para no tener excusa de sus pecados en el Día del Juicio. Aunque limitada, la revelación de Dios a los hombres no ha sido ambigua o poco clara. Él ha hecho «manifiesto» a todos los hombres que hay un solo Dios verdadero y que únicamente Él debe ser adorado. El universo, que Dios hizo y prueba Su existencia, actúa simplemente como confirmación o recordatorio de lo que todos los hombres ya saben: hay un solo Dios digno de adoración y obediencia.

3. De acuerdo con los versículos 21-25, ¿cuál ha sido la respuesta universal de la humanidad a la revelación de Dios? ¿Cómo describen las siguientes porciones la reacción del hombre? ¿Cómo se ha evidenciado esto a lo largo de la historia?

   a. Pues habiendo conocido a Dios, no le glorificaron como a Dios, ni le dieron gracias (v.21).

   ....

   ....

   ....

   ....

   ....

b. Sino que se envanecieron en sus razonamientos, y su necio corazón fue entenebrecido (v.21).

....

....

....

....

....

NOTA: El hombre se ha vuelto de la luz del Dios omnisciente y ha construido su propia visión de la realidad. Esta rebelión ha llevado a absurdos intelectuales, oscuridad moral e inutilidad.

c. Profesando ser sabios, se hicieron necios (v.22).

....

....

....

....

....

NOTA: Cuando una humanidad finita y que tiende al error pone su propio conocimiento y entendimiento por encima del Dios omnisciente, el resultado es la multiplicación de los necios y la necedad.

d. Y cambiaron la gloria del Dios incorruptible en semejanza de imagen de hombre corruptible, de aves, de cuadrúpedos y de reptiles (v.23).

....

....

....

....

....

NOTA: La locura del hombre incrédulo se revela más en los objetos de su adoración. Su autoadoración se degrada incluso en la adoración de las criaturas más bajas.

e. Cambiaron la verdad de Dios por la mentira, honrando y dando culto a las criaturas antes que al Creador, el cual es bendito por los siglos (v.25).

....

....

....

....

....

NOTA: A través de la historia vemos a los hombres rechazando al Creador, quien está por encima de ellos, y en cambio adorando las criaturas que están en un nivel más bajo que ellos.

4. En el versículo 18 aprendimos que la ira de Dios se revela desde el cielo contra los hombres quienes voluntariamente niegan y detienen la verdad. De acuerdo con los siguientes versículos, *¿cómo* se ha manifestado la ira de Dios contra ellos?

    a. Dios los entregó a la i_______________, en las c__________________ de sus corazones (v.24). Dios los entregó al poder de las lujurias de sus propios corazones moralmente corruptos, y el resultado es una vergonzosa impureza. La palabra «inmundicia» viene de la palabra griega */akatharsía/*, que también puede ser traducida como «suciedad».

    b. Dios los entregó a pasiones v__________________ (v.26). De la palabra griega */atimía/*, que también puede ser traducida como «deshonroso» o «vergonzoso». La frase puede ser literalmente traducida como «pasiones desgraciadas».

    c. Dios los entregó a una mente r__________________ (v.28). De la palabra griega */adókimos/* [*/a/* = partícula negativa + */dókimos/*= probado, aprobado]. La palabra también puede ser traducida como «rechazada», «descalificada», «incompetente», «no aprobada» o «sin valor». Una mente reprobada es una que no puede soportar la prueba de la justicia de Dios.

5. De acuerdo con los versículos 28-32, ¿cuál es el resultado final de que Dios entregue a los hombres al gobierno de sus propios corazones?

....

....

....

....

....

....

....

....

....

....

....

....

NOTA: Es importante entender que estos vicios no son en sí la razón para el juicio venidero a la humanidad, sino más bien el resultado de que Dios ya ha juzgado a la humanidad. El más grande pecado de la humanidad no se encuentra entre estos vicios, sino en lo descrito en el versículo 21: «Pues habiendo conocido a Dios, no le glorificaron como a Dios, ni le dieron gracias». Debido a que los humanos han rechazado a Dios y se han negado a vivir bajo Su gobierno, Dios los ha juzgado entregándolos al gobierno de sus corazones moralmente corruptos y de sus mentes radicalmente depravadas. Esto resulta en una sociedad llena de los vicios que se nombran en los versículos 28-32.

MUERTE

PARTE 1: UNA DESCRIPCIÓN BÍBLICA DE LA MUERTE

Sin duda alguna, la más grande prueba de la ira de Dios contra la injusticia del hombre es la muerte física: la separación entre el alma y el cuerpo. Empezando con Adán y continuando hasta hoy, todos los hombres se enfrentan a la terrible e innegable realidad de que morirán. Sin importar la grandeza, el poder o la posición social del ser humano, la muerte es el destino inevitable que le espera a todos los hombres. Las Escrituras nos enseñan que esta aterradora realidad es la consecuencia directa del pecado. Es importante notar que la muerte del hombre no es su aniquilación. Una vez muerto, el hombre no deja de ser; más bien, continúa existiendo, ya sea en comunión eterna con Dios en el cielo o en separación eterna de Él en el infierno.

De nuevo, es necesario que uno encuentre en la muerte tanto el juicio divino como su misericordia. La muerte es el «gran recordatorio de Dios» al hombre de su mortalidad y su gran necesidad de redención. Cada obituario, cada procesión funeraria, cada tumba clama al hombre pidiendo que se vuelva de sus preocupaciones mundanas hacia las preocupaciones eternas, que se prepare para el día cuando venga el cosechador, y que se aliste para conocer a su Dios.

Aunque la muerte es una realidad innegable que confronta implacablemente a la humanidad, su naturaleza exacta sigue siendo un misterio para los creyentes. No podemos depender ni siquiera de las historias más sinceras de aquellos que supuestamente han «ido al más allá» y regresado para contar a los demás de su experiencia. Si queremos tener una «explicación segura» de un misterio tan grande, debemos volvernos a las Escrituras.

La Biblia habla frecuentemente acerca de la muerte, con muchas advertencias y exhortaciones; sin embargo, ofrece pocas respuestas con respecto a su naturaleza exacta. Lo que puede ser conocido con certeza debe ser tomado de las pocas referencias directas que se encuentran en las Escrituras. Estos textos nos enseñan dos grandes verdades. Primero, la muerte no es el final de la existencia humana consciente. Segundo, al morir, el cuerpo del hombre regresa a la tierra (hasta la resurrección), y su espíritu regresa a Dios.

1. En Santiago 2:26 se encuentra una descripción simple pero profunda de la muerte. Identifica la verdad que se enseña en este texto, luego escribe tus reflexiones. ¿Qué es la muerte? ¿Cuándo ocurre la muerte?

   a. El c_______________ sin e__________________ está muerto.

   ....

   ....

   ....

   ....

   ....

2. Podemos ver en Santiago 2:26 que el espíritu del hombre se separa de su cuerpo al morir. De acuerdo con Eclesiastés 12:7 y Salmo 146:4, ¿qué sucede con el cuerpo y el espíritu al momento de su separación?

   ....

   ....

   ....

   ....

   ....

   ....

   ....

   ....

NOTA: Es útil recordar y considerar dos eventos bíblicos importantes: (1) la creación de Adán en Génesis 2:7—«Entonces Jehová Dios formó al hombre del polvo de la tierra, y sopló en su nariz aliento de vida, y fue el hombre un ser viviente»—y (2) la maldición divina sobre Adán como resultado de la Caída, en Génesis 3:19: «Con el sudor de tu rostro comerás el pan hasta que vuelvas a la tierra, porque de ella fuiste tomado; pues polvo eres, y al polvo volverás».

3. En las Escrituras se utilizan varias metáforas importantes para ayudarnos a entender la naturaleza de la muerte. Identifica cada una de las siguientes metáforas que describen la muerte.

   a. E________________ (Gén. 49:33).

   b. P_______________ (Job 34:20).

   c. V__________________ al p_______________ (Gén. 3:19; Sal. 104:29).

   d. Ser c_______________ (Job 24:24).

   e. P____________________ (2 Tim. 4:6; 2 Ped. 1:15).

MUERTE

PARTE 2: LA MUERTE COMO JUICIO DIVINO

La muerte como manifestación del juicio de dios

Desde su primera mención en las Escrituras, se aborda el tema de la muerte como el resultado del juicio de Dios contra el pecado del hombre. ¿Por qué mueren los seres humanos? La respuesta de la Biblia es clara y directa: mueren porque son pecadores. Dios declaró a Adán: «El día que de él [*i.e.* el árbol del conocimiento del bien y el mal] comieres, ciertamente morirás» (Gén. 2:17). De este texto y otros es claro que la muerte no estaba tejida en el tapiz de la creación desde el principio; más bien, entró en nuestro mundo a través del pecado de Adán y ha pasado a todos los hombres, pues todos los hombres pecan (Rom. 5:12). Cada lápida y cada tumba son una manifestación del juicio de Dios en contra de nuestra raza caída. Decir que la muerte siempre es una manifestación del juicio de Dios, no significa necesariamente que algunos mueren antes que otros porque son más pecadores. Después de todo, hay niños que mueren en el vientre sin haber cometido un solo acto de pecado, y hay hombres que viven en abierta rebelión contra Dios durante décadas. Por lo tanto, describir la muerte como manifestación del juicio de Dios es simplemente decir que cada uno de nosotros es parte de una raza caída y pecaminosa, y que la muerte es una manifestación del juicio de Dios en contra de todos nosotros.

1. A través de las Escrituras, la muerte es vista como el resultado del pecado del hombre. Ya sea el pecado imputado de Adán o la injusticia personal de cada hombre, el principio es el mismo: todos los hombres mueren, porque todos los hombres pecan. ¿Qué nos enseñan las siguientes Escrituras del Antiguo y Nuevo Testamento acerca de esta verdad?

   a. Ezequiel 18:4, 20

   ....

   ....

....

....

....

b. Romanos 6:23

....

....

....

....

....

NOTA: La palabra «paga» viene de la palabra griega */opsônion/*, que también puede ser traducida como «pago», «provisión» o «pensión». El término se usaba para el sueldo o pago de subsistencia de los soldados.

2. Tanto el Antiguo como el Nuevo Testamento son claros y directos: la inevitable consecuencia del pecado es la muerte. En Santiago 1:15, las Escrituras nos revelan la obra interior y los fatales resultados del pecado en la vida del hombre. Lee el texto varias veces hasta que estés familiarizado con su contenido, luego escribe tus reflexiones.

....

....

....

....

....

....

NOTA: la palabra «concupiscencia» viene de la palabra griega */epithumía/*, que se refiere a un intenso deseo o anhelo. El término puede ser tanto positivo como negativo, dependiendo del contexto. En este versículo, se refiere a la lujuria o a un intenso deseo que es contrario a la voluntad de Dios. Cuando se permite que la lujuria crezca o madure, da a luz al pecado. Cuando el pecado se convierte en un acto logrado, engendra muerte. El final del pecado siempre es la muerte.

3. En Isaías 64:6 se ilustra poderosamente la relación entre el pecado del hombre y la muerte. Lee el texto hasta que estés familiarizado con su contenido, luego escribe tus reflexiones respecto a las siguientes preguntas:

   a. ¿Cómo se describe la corrupción moral del hombre?

   ....

   ....

   ....

   ....

   ....

NOTA: La palabra «suciedad» es una posible referencia a la lepra (Lev. 13:8, 45). La comparación de las obras justas con los trapos de inmundicia demuestra que la corrupción moral interna del pecador contamina o corrompe incluso sus obras más justas. En el Nuevo Testamento, Judas 23 describe la ropa del pecador como «contaminada por su carne».

   b. ¿Cuáles son las inevitables consecuencias de la corrupción moral del hombre y su búsqueda activa del pecado?

   ....

   ....

   ....

   ....

   ....

NOTA: La imagen de hojas secas y sin vida siendo llevadas por el viento invernal es un recordatorio conmovedor de la mortalidad del hombre y la inutilidad de su vida separada de Dios.

4. En el Salmo 90:2-10 se encuentra un poderoso y poético retrato de la muerte como una manifestación del juicio de Dios contra el hombre pecador. Escribe tus reflexiones sobre cada una de las siguientes porciones:

   a. Vuelves al hombre hasta ser quebrantado, Y dices: Convertíos, hijos de los hombres (v.3).

   ....

   ....

....

....

....

NOTA: Este texto nos recuerda la maldición que Dios declaró contra Adán después de la Caída: «Con el sudor de tu rostro comerás el pan hasta que vuelvas a la tierra, porque de ella fuiste tomado; pues polvo eres, y al polvo volverás» (Gén. 3:19).

b. Los arrebatas como con torrente de aguas; son como sueño, Como la hierba que crece en la mañana. En la mañana florece y crece; A la tarde es cortada, y se seca (vv.5-6).

....

....

....

....

....

NOTA: Un pasaje similar se encuentra en el Salmo 103:15-16: «El hombre, como la hierba son sus días; Florece como la flor del campo, Que pasó el viento por ella, y pereció, Y su lugar no la conocerá más».

c. Porque con tu furor somos consumidos, Y con tu ira somos turbados. Pusiste nuestras maldades delante de ti, Nuestros yerros a la luz de tu rostro. Porque todos nuestros días declinan a causa de tu ira; Acabamos nuestros años como un pensamiento (vv.7-9).

....

....

....

....

....

NOTA: El salmista escribió: «JAH, si mirares a los pecados, ¿Quién, oh Señor, podrá mantenerse?» (Sal. 130:3). Esta es una pregunta retórica con una respuesta obvia: ¡Nadie!

d. Los días de nuestra edad son setenta años; Y si en los más robustos son ochenta años, Con todo, su fortaleza es molestia y trabajo, Porque pronto pasan, y volamos (v.10).

....

....

....

....

NOTA: La cadena lógica es evidente: el pecado lleva a la muerte, y la muerte resulta en futilidad. Debido al pecado, la vida del hombre es poco más que vanidad. La muerte consume cualquier gloria que un hombre pueda ganar, y destruye toda esperanza. La más noble de todas las criaturas terrenales que Dios creó está condenada a sufrir la angustia de su mortalidad y el horror del juicio. ¡Solo en Jesucristo esta terrible maldición es revocada!

La muerte como una obra soberana de Dios

De acuerdo con las Escrituras, la muerte es una consecuencia del juicio de Dios en contra del pecado del hombre. Todos los hombres mueren, y mueren de acuerdo con el decreto soberano de Dios. Él no solo ha determinado el día de nuestra muerte, también será quien lo hará. Él da la vida y la quita; Él hace vivir y morir. Muchas personas en los círculos cristianos contemporáneos dudarían bastante en admitir que la muerte es el resultado del decreto y la obra soberana de Dios. Ellos explicarían la muerte como una mera consecuencia de vivir en un mundo caído o como algo más allá del control del Creador amoroso. Esta es una rotunda contradicción del testimonio de la Escritura.

1. ¿Cómo se describe a Dios en Daniel 5:23? Completa la descripción, luego explica su significado.

   a. Al Dios en cuya m______________ está tu v____________, y cuyos son todos tus caminos.

   ....

   ....

   ....

   ....

   ....

   ....

   ....

2. Las Escrituras son claras y directas acerca de la soberanía absoluta de Dios sobre la vida y la muerte de todos los hombres. A continuación, tenemos dos de los textos más importantes en la Escritura con respecto a esta verdad. ¿Qué nos enseñan?

   a. Deuteronomio 32:39

   ....

   ....

   ....

   ....

   ....

   b. 1 Samuel 2:6

   ....

   ....

   ....

   ....

   ....

NOTA: La palabra *Seol* es una transliteración del hebreo. Se refiere comúnmente a la tumba o al lugar de los muertos.

3. La doctrina de la soberanía de Dios nos enseña que la muerte de cada hombre ya ha sido determinada por el decreto divino. A cada uno de nosotros se nos ha dado cierto número de días. No pueden ser extendidos ni por un respiro más allá de lo que Dios ha determinado. ¿Qué nos enseñan las siguientes Escrituras acerca de esta verdad?

   a. Job 14:5

   ....

   ....

   ....

   ....

   ....

   ....

b. Eclesiastés 3:1-2

....

....

....

....

....

....

c. Hebreos 9:27

....

....

....

....

....

....

NOTA: La palabra «establecido» viene de la palabra griega */apókeimai/*, que significa «ser apartado, guardado o reservado». El tiempo de la muerte de cada hombre está sujeto al decreto soberano de Dios. En última instancia, no es el resultado de la voluntad del hombre, el azar o la consecuencia.

d. Lucas 12:20

....

....

....

....

....

NOTA: Aquí vemos una poderosa ilustración de Hebreos 9:27. La palabra «pedirte» se traduce de la palabra griega */apaiteo/*, que significa, «pedir o demandar de vuelta». Cuando Dios llama a un hombre, el hombre es incapaz de negar tal petición.

DISCERNIENDO EL PROBLEMA DEL HOMBRE

Lección 22

MUERTE

PARTE 3: EL PODER DE LA MUERTE SOBRE EL HOMBRE

La universalidad de la muerte

Una verdad bíblica que se levanta sin ningún oponente en ningún ámbito (ciencia, historia, etc.) es que todos los hombres mueren. La gran masa de la humanidad vive bajo una inagotable plaga mortal. Miles de millones han caído por su azote, y miles más se añaden a este número cada día. No hay cura, y no hay esperanza de que esta realidad se disipe de alguna manera con el tiempo.

La muerte es tan frecuente y general que podría parecer innecesario considerar su universalidad. Sin embargo, aún es importante considerar esta doctrina, no porque se niegue, sino porque se olvida e ignora con frecuencia. Sabemos que somos criaturas mortales. Sabemos que estamos muriendo. No podemos escapar de la muerte o impedir su llegada. Por lo tanto (ya sea consciente o inconscientemente) procuramos tener el pensamiento de la muerte tan lejos como nos sea posible. Nos hemos vuelto tan expertos en desterrar la muerte de nuestros pensamientos, que hasta podemos cargar los ataúdes de nuestros amigos más cercanos sin meditar ni por un momento en la verdad de que el mismo destino nos espera a todos nosotros. Por esta razón, es necesario que escuchemos esa misma verdad que intentamos reprimir.

1. En el Antiguo Testamento hay una metáfora muy importante usada para comunicar la universalidad de la muerte. Identifica esta metáfora y explica su significado.

   a. El c________________ de toda la t________________ (Jos. 23:14; 1 Rey. 2:1-2).

   ....

   ....

   ....

2. Una verdad importante que se enseña con frecuencia en las Escrituras es que la muerte no hace acepción de personas. Viene sobre todos los hombres por igual: ricos y pobres, sabios y necios. ¿Qué nos enseñan las siguientes Escrituras acerca de esta verdad?

   a. Job 21:22-26

   ....

   ....

   ....

   ....

   ....

   ....

   b. Eclesiastés 2:16

   ....

   ....

   ....

   ....

   ....

   ....

La brevedad, fragilidad y futilidad del hombre

El primer hombre fue creado a la imagen de Dios. Sin embargo, mucho se perdió con la llegada del pecado; la existencia del hombre se volvió trágicamente torcida y deformada más allá de todo reconocimiento. El hombre se convirtió en un ser de corta duración, lleno de cansancio y futilidad. Ahora vive su vida hasta que toda vitalidad es drenada, todo propósito es demolido y el cuerpo finalmente retorna al polvo de donde vino. Con razón el predicador clama: «Vanidad de vanidades, todo es vanidad» (Ecl. 1:2).

1. A través de las Escrituras se encuentran numerosas descripciones de la fragilidad del hombre, la brevedad de su vida y la futilidad de todos sus esfuerzos. A continuación están algunos de los textos más importantes con respecto a este tema. Medita en cada texto, luego escribe tus reflexiones. ¿Qué metáforas y símiles se utilizan para describir al hombre y su vida? ¿Qué es lo que comunican?

a. Job 14:1-2

....

....

....

....

b. Salmo 39:4-6

....

....

....

....

c. Salmo 78:39

....

....

....

....

d. Salmo 103:14-16

....

....

....

....

e. Salmo 144:3-4

....

....

....

....

f. Santiago 4:14

....

....

....

....

2. En el libro de Job se encuentran dos pasajes que nos benefician al ilustrar la fragilidad y brevedad de la vida del hombre. Medita cuidadosamente en cada texto, luego escribe tus reflexiones.

   a. La fragilidad de la vida del hombre (Job 4:17-21)

   ....

   ....

   ....

   ....

   ....

   ....

   b. La brevedad de la vida del hombre (Job 9:25-26)

   ....

   ....

   ....

   ....

   ....

   ....

3. En las siguientes Escrituras se encuentran algunas de las descripciones más sorprendentes de la futilidad y vanidad de la vida del hombre. Lee los textos hasta que estés familiarizado con su contenido, luego escribe tus pensamientos. ¿Cómo se describe la futilidad de la vida del hombre?

a. Salmo 49:10-14

....

....

....

....

b. Eclesiastés 3:19-20

....

....

....

....

NOTA: Es importante notar que esto no niega la inmortalidad del alma humana o la resurrección de los justos e injustos. El escritor está haciendo una declaración con respecto a la realidad según se percibe a través de los sentidos físicos. Su punto principal es simplemente que todos los hombres mueren.

c. Eclesiastés 5:15-17

....

....

....

....

d. 1 Timoteo 6:7

....

....

....

....

4. Las Escrituras enseñan que todos los hombres pecan y que, por ello, todos los hombres mueren. La muerte es la realidad consabida que nos espera a todos nosotros. Es nuestro enemigo inevitable, ineludible e invencible. ¿Qué nos enseñan los siguientes pasajes de la Escritura acerca de esta verdad?

a. Job 14:7-12

....

....

....

....

b. Salmo 49:7-9

....

....

....

....

c. Salmo 89:47-48

....

....

....

....

d. Eclesiastés 8:8

....

....

....

....

5. Para cerrar nuestro estudio acerca de la fragilidad del hombre y la brevedad de su vida, consideraremos finalmente dos textos de la Escritura: Isaías 40:6-8 y Eclesiastés 12:1. En el primero se encuentra una de las declaraciones más poderosas tanto de la brevedad del hombre como de la eternidad de Dios. En el segundo se encuentra una advertencia extremadamente vital para todos los hombres. Lee cada texto hasta que estés familiarizado con su contenido, luego escribe las verdades que has obtenido de estos.

a. La verdad acerca del hombre (Isaías 40:6-8)

....

....

....

....

....

b. ¿Cómo viviremos? (Eclesiastés 12:1)

....

....

....

....

....

El Juicio Final del Impío

Posiblemente, el juicio final es la doctrina más asombrosa de todas las Escrituras. Esta doctrina —de que cada uno de los que pertenecen a la raza de Adán estará delante del Dios justo y omnisciente, y será juzgado de acuerdo con cada pensamiento, palabra y obra— es algo que va mucho más allá de nuestra imaginación.

Aunque la doctrina del juicio final es muchas veces burlada o rechazada como una reliquia del pasado, debemos recordar que es la clara enseñanza de la Escritura y una verdad razonable a la luz de lo que conocemos sobre los atributos de Dios. Ciertamente es la prerrogativa de Dios tanto gobernar a las criaturas que Él ha creado como juzgar a las criaturas que Él gobierna. De hecho, no es solo Su prerrogativa, sino que es una demanda de Su carácter justo. ¿No hará el Juez de toda la tierra lo que es justo (Gén. 18:25)? ¿No es acaso necesario que un Dios moral lleve a cabo la justicia moral en el universo que Él ha hecho? ¿Le negaremos a Dios el mismo derecho que demandamos para nosotros mismos en nuestras propias cortes? ¡Claro que no!

El juicio final es una doctrina fundamental de las Escrituras. Es imposible abrazar la inspiración divina y la infalibilidad de la Biblia sin abrazar la doctrina del juicio final y la condenación eterna del impío. Aunque mucho acerca de esta doctrina permanece como un misterio, sin embargo es una absoluta certeza de acuerdo con las Escrituras. Todos y cada uno de los miembros de la raza de Adán serán juzgados por Dios. El impío será condenado al castigo eterno, y el redimido en Cristo heredará la plenitud de la salvación.

1. El juicio final es una doctrina esencial de las Escrituras y de la fe cristiana. Esta verdad se comunica claramente en Hebreos 6:1-2. ¿Cómo es que el escritor se refiere a esta doctrina?

   a. Los r______________________ de la doctrina de Cristo.

NOTA: La palabra viene de la palabra griega */archê/*, que denota un principio o un origen. La frase «rudimentos de la doctrina» significa literalmente «palabras del principio». Nos dice que la doctrina del juicio eterno es un principio o una enseñanza fundamental del cristianismo. No es una especulación teológica: es una certeza bíblica.

2. El juicio final de Dios a la humanidad está tan arraigado al Antiguo Testamento, que negar su realidad sería negar la infalibilidad de las Escrituras. ¿Qué nos enseñan los siguientes pasajes del Antiguo Testamento acerca de la certeza del juicio final de Dios?

   a. Salmo 9:7-8

   ....

   ....

   ....

   ....

   ....

   b. Salmo 96:10-13

   ....

   ....

   ....

   ....

   ....

   c. Eclesiastés 3:17

   ....

   ....

   ....

   ....

   ....

   d. Eclesiastés 11:9

   ....

   ....

   ....

   ....

e. Eclesiastés 12:13-14

....

....

....

....

....

3. Es importante entender que la verdad del juicio final no es meramente una «doctrina del Antiguo Testamento». ¿Qué nos enseñan los siguientes textos del Nuevo Testamento acerca de la certeza del juicio final de Dios?

a. Romanos 14:10-12

....

....

....

....

....

b. Hebreos 9:27

....

....

....

....

....

c. 2 Pedro 3:7

....

....

....

....

4. En las Escrituras hay muchos nombres que se dan para describir el día en el que Dios juzgará a todos los hombres. Identifica cada nombre de acuerdo con las Escrituras dadas, luego escribe tus reflexiones acerca de lo que cada nombre nos comunica.

   a. El d________ del j__________________ (2 Ped. 2:9).

   ....

   ....

   ....

   ....

NOTA: La palabra «juicio» viene de la palabra griega */krísis/*, de la cual se deriva la palabra española «crisis». Denota un juicio legal, o una decisión o evaluación judicial. La frase aquí indica el día cuando el Dios omnisciente evaluará y decidirá el destino de todos los hombres. Su decisión jamás será revocada.

   b. El día de la i___________ y de la revelación del justo j_______________ de Dios (Rom. 2:5).

   ....

   ....

   ....

   ....

NOTA: En el día del juicio, la perfecta justicia de Dios será revelada. Todo hombre recibirá exactamente lo que merece, ya sea recompensa o ira. En ese día, nadie dudará de que Dios es justo.

   c. El g________________ d_________ (Jud. 6).

   ....

   ....

   ....

   ....

NOTA: La palabra «gran» viene de la palabra griega */mégas/*. Si la grandeza de un día es determinada por su relevancia e importancia para la humanidad, el día del juicio estará por sobre todos los demás. En ese día, el destino eterno de todos los hombres será decidido.

d. El d__________ de D________ (2 Ped. 3:12).

....

....

....

....

NOTA: El día del juicio será el día de Dios, el día cuando Dios será vindicado delante de toda Su creación. Todas las dudas con respecto a Su existencia y carácter serán desechadas.

5. En el día del juicio, Dios considerará los pensamientos, palabras y obras de cada miembro de la raza de Adán. ¿Qué nos enseñan las siguientes Escrituras acerca de la minuciosidad del juicio de Dios? ¿Quedará algo ignorado o escondido delante de Él?

   a. Marcos 4:22; Lucas 8:17; 12:2-3

   ....

   ....

   ....

   ....

   ....

   b. Eclesiastés 12:14

   ....

   ....

   ....

   ....

   ....

   c. 1 Corintios 4:5

   ....

   ....

   ....

   ....

d. Hebreos 4:13

....

....

....

....

NOTA: La palabra «desnudas» viene de la palabra griega */gumnós/*, que literalmente significa «desnudo». La palabra «abierta» viene de la palabra griega */trajēlízō/*, que significa «exponer el cuello». Se utiliza fuera del Nuevo Testamento para describir la manera en que se echa para atrás el cuello de una víctima, para decapitarlo en sacrificio.

6. En Apocalipsis 20:11-15 se encuentra el pasaje más descriptivo de las Escrituras con respecto al juicio final. Lee el pasaje varias veces hasta que estés familiarizado con su contenido, luego responde las siguientes preguntas:

   a. ¿Cómo se describe a Dios y el trono de Dios en el versículo 11? ¿Cómo se representan la grandeza y la santidad de Dios?

   ....

   ....

   ....

   ....

   ....

NOTA: El trono demuestra la completa soberanía de Dios sobre toda la creación. La blancura del trono representa la santidad o pureza moral de Aquel que se sienta en allí.

   b. De acuerdo con los versículos 12-13, ¿quiénes están delante del trono de Dios? ¿Se escapa alguien del juicio? ¿Está alguien exento? Explica tu respuesta.

   ....

   ....

   ....

   ....

   ....

c. De acuerdo con los versículos 12-13, ¿cómo son juzgados los hombres? ¿Cuál es la base para el juicio de Dios? ¿Es un juicio minucioso? Explica tu respuesta.

....

....

....

....

....

....

NOTA: La pluralidad de la palabra «libros» indica lo completo y extenso del registro de Dios de las obras de cada hombre. La repetición de la frase «según sus obras», busca transmitir al lector el hecho de que todos los hombres serán juzgados de acuerdo con todo pensamiento, palabra y obra. Para el hombre que lo piensa, ¡esta verdad es aterradora!

d. Con base en los versículos 14-15, ¿cuál es el destino de toda persona que rechaza a Jesucristo y es juzgada de acuerdo con sus propias obras?

....

....

....

....

....

....

NOTA: Esta es la aterradora realidad de la que nadie puede huir. Es la gran y certera verdad de la Escritura, de que un castigo sin fin espera a todos aquellos que han rechazado la misericordia de Dios. En los siguientes capítulos consideraremos esta doctrina bíblica del castigo eterno.

INFIERNO

PARTE 1: LA NATURALEZA DEL INFIERNO

Hemos aprendido que la ira de Dios se manifiesta en la separación entre Dios y el hombre, siendo entregado este último al pecado, expuesto a la miseria y sujeto a la muerte física. A continuación, consideraremos la más grande de todas las manifestaciones de la ira divina: el infierno. Una de las verdades más solemnes de la Escritura es que las consecuencias del pecado no terminan con la muerte física. Después de la muerte, hay un juicio final, y aquellos que mueren en sus pecados son sentenciados a una eternidad en el infierno. Aunque esta doctrina es frecuentemente ridiculizada y rechazada, no podemos ignorar la clara enseñanza de la Escritura. Hay un lugar de juicio eterno para el impío.

Debemos proceder con mucha precaución en cualquier intento de entender la naturaleza del infierno. Por un lado, debemos ser cuidadosos de seguir las Escrituras y no las descripciones fantásticas del infierno creadas tanto por la literatura antigua y moderna como por los medios de comunicación. Por otro lado, debemos ser cuidadosos en no tratar de minimizar la doctrina del infierno o disminuir sus horrores. De acuerdo con las Escrituras, y especialmente con las enseñanzas de Jesucristo, hay un lugar real llamado «infierno» que es tan terrible en su sufrimiento como eterno en su duración.

Hades y Gehena

En el Nuevo Testamento se usan dos términos específicos para referirse al infierno: *Hades* y *Gehena*. Podemos tener un entendimiento más claro de la naturaleza del infierno a través de un estudio cuidadoso de estas dos palabras.

Hades

La palabra «Hades» viene de la palabra griega */hádēs/*, que aparece 10 veces en el Nuevo Testamento.[11] Aunque se emplea con mayor frecuencia como referencia a la muerte y la morada de los muertos en general, en Lucas 16:23 se usa claramente como referencia a un lugar en donde los impíos son atormentados. Hay dos interpretaciones principales con respecto al Hades y su relación con Gehena: ya sea que (1) el Hades es la morada temporal de los impíos hasta el juicio final donde los impíos se reúnen con sus cuerpos resucitados y son asignados al lugar de tormento eterno conocido como Gehena; o que (2) Hades y Gehena son referencias al mismo lugar de tormento. En la segunda interpretación, los impíos sufren en un estado incorpóreo antes del juicio final y la resurrección. Después de la resurrección y el juicio final, los impíos se unen con sus cuerpos resucitados y regresan al mismo lugar de tormento.

Gehena

La palabra «Gehena» (traducida como «infierno» en las Escrituras) es la forma en latín de la expresión aramea */gehinnam/*, que se refiere al *valle de Hinom* (ver Jos. 15:8), el cual está ubicado al sur de Jerusalén (hoy se conoce como *Wadi er-Rababi*). La forma griega de esta palabra es */géena/*, la cual aparece doce veces en el Nuevo Testamento.[12] Bajo los reinos de los malvados reyes Acaz y Manasés, era un lugar donde los padres ofrecían a sus hijos como sacrificio al dios amonita Moloc (Jer, 32:35; ver también 2 Rey. 16:3; 21:6). Durante el reinado de Josías, la práctica de sacrificio de niños terminó, y el valle de Hinom fue profanado (2 Rey. 23:10-14). Eventualmente se convirtió en un lugar para la basura, los cadáveres de animales y los cuerpos de criminales ejecutados. También era un lugar de fuego y humo continuo, que estaba infestado de gusanos, lombrices y alimañas. Para el tiempo de Cristo, la palabra se usaba comúnmente para denotar el lugar de castigo final y tormento para los impíos, un lugar de muerte, contaminación, deshonra y miseria eterna.

Exclusión de la presencia favorable de Dios

La verdad más terrible acerca del infierno es posiblemente que es la exclusión de la presencia favorable de Dios. En el pensamiento evangélico moderno, el infierno se describe usualmente como un lugar de tormento fuera de la presencia de Dios. Frecuentemente se dice que el cielo es el cielo porque Dios está ahí, mientras que el infierno es el infierno porque Dios no está ahí. Aunque esta declaración contiene un elemento de verdad, es extremadamente engañosa. No es la ausencia de Dios lo que hace del infierno un lugar de tormento, sino la ausencia de

---

[11] Mateo 11:23; 16:18; Lucas 10:15; 16:23; Hechos 2:27, 31; Apocalipsis 1:18; 6:8; 20:13, 14.

[12] Mateo 5:22, 29, 30; 10:28; 18:9; 23:15, 33; Marcos 9:43, 45, 47; Lucas 12:5; Santiago 3:6.

Su presencia favorable. De hecho, el infierno es el infierno porque Dios está ahí en la plenitud de Su justicia e ira.

1. 2 Tesalonicenses 1:9 es uno de los textos más importantes en las Escrituras con respecto a la separación del impío de la presencia favorable de Dios. Lee el texto hasta que estés familiarizado con su contenido, luego escribe tus reflexiones.

   ....

   ....

   ....

   ....

   ....

NOTA: La frase «excluidos de» viene de la preposición griega */apo/*, que ha sido interpretada y traducida de dos formas diferentes: (1) «lejos de la presencia del Señor» significando que el castigo en sí mismo es ser separado del Señor; o (2) «desde la presencia del Señor» significando que el castigo viene desde la presencia del Señor. De cualquier modo, la frase «de la presencia del Señor» no puede significar que nada de la presencia o el poder de Dios existe en el infierno, ya que el infierno como tal es una manifestación de Su ira.

2. En las Escrituras, varios textos se refieren al juicio final y la sentencia al infierno como ser expulsado o excluido de la presencia favorable de Dios. Considera cada pasaje cuidadosamente, luego escribe tus reflexiones.

   a. Mateo 7:23 (ver también Luc. 13:27)

      ....

      ....

      ....

      ....

   b. Mateo 25:30 (ver también 8:12; 22:13)

      ....

      ....

      ....

      ....

3. No es la ausencia de Dios lo que hace del infierno un lugar de tormento, sino la ausencia de Su presencia favorable. El infierno es el infierno porque Dios está ahí en la plenitud de Su justicia e ira. ¿Qué nos enseña Apocalipsis 14:9-10 acerca de esta verdad?

....

....

....

....

....

....

NOTA: El impío no solo será juzgado y sentenciado por el Cordero, sino que su castigo continuo también será bajo Su mirada. En la venida de Cristo, los impíos clamarán a las montañas y rocas que caigan sobre ellos para esconderlos de la presencia de Aquel que se sienta en el trono y de la ira del Cordero (Luc. 23:30; Apo. 6:16). Sin embargo, su petición les será negada por toda la eternidad.

Sufrimiento indescriptible

Es imposible ser fiel a las Escrituras, especialmente a las palabras de Jesús, y al mismo tiempo buscar negar o ignorar las verdades que enseñan con respecto al sufrimiento de los impíos en el infierno. Como veremos, las Escrituras —especialmente los Evangelios— describen el infierno como un lugar de sufrimiento indescriptible. Correctamente se dice que la dicha del cielo va mucho más allá del poder de la mente para comprender y del poder del lenguaje humano para comunicar. De acuerdo con las Escrituras, lo mismo puede decirse de los sufrimientos y terrores del infierno. Es importante recordar que, aunque la doctrina del infierno es repulsiva para la mayoría, ciertamente es verdadera.

Antes de proceder, es importante entender que el infierno no es un lugar donde los impíos son cruelmente torturados; más bien es donde sufren perfecta justicia por su pecado. Dios no es cruel. Él no tortura con gozo a sus enemigos. De hecho, la Biblia enseña que Dios no se deleita en la muerte del impío (Eze. 18:23, 32). Sin embargo, Dios es Dios de justicia, y el infierno es el lugar donde se administra justicia al impío. Ellos reciben exactamente la cantidad de castigo que merecen.

1. En las siguientes Escrituras, ¿cómo describe Jesús el infierno y el sufrimiento que hay allí?

   a. Un lugar de t____________________ (Luc. 16:28). De la palabra griega */básanos/*, que se refiere al dolor severo frecuentemente asociado con la tortura. Sin embargo, debemos recordar que el infierno no es un lugar de tortura demoniaca como se describe en el Infierno de Dante;[13] más bien es un lugar de perfecta justicia, donde cada hombre recibe la medida exacta que merece.

b. Un lugar donde habrá ll______________ y c______________ de dientes (Mat. 8:12). Esta descripción de los sufrimientos del impío en el infierno es importante porque Jesús la usó frecuentemente (Mat. 13:42, 50; 22:13; 24:51; 25:30; Luc. 13:28). El infierno es un lugar de dolor, angustia y remordimiento.

2. Los siguientes dos pasajes de la Escritura nos revelan algo acerca del sufrimiento indescriptible en el infierno. Lee a través de cada pasaje hasta que estés familiarizado con su contenido, luego resume lo que se nos revela acerca de los tormentos del infierno.

   a. Lucas 16:19-31

   ....

   ....

   ....

   ....

NOTA: Debido a que la historia del rico y Lázaro tiene características similares a una parábola, algunos han buscado descartar esta descripción del infierno afirmando que es meramente figurativa. Sin embargo, aunque es incierto qué tan literalmente debiéramos interpretar cada detalle de esta historia, hay ciertas verdades innegables que podemos obtener: (1) después de la muerte hay una separación entre los justos y los impíos; y (2) los justos son confortados con recompensa eterna, mientras que los impíos sufren castigo eterno y consciente.

   b. Apocalipsis 14:9-11

   ....

   ....

   ....

   ....

---

[13] *Infierno* es la primera parte del poema *La Divina Comedia,* del poeta del siglo XIV Dante Alighieri; describe el «viaje» alegórico del autor a través de los varios «círculos» del infierno.

3. Aunque la Biblia deja claro que cada habitante del infierno sufrirá un tormento inexplicable, también enseña que este sufrimiento será de acuerdo con la pecaminosidad de la vida de cada persona. ¿Qué nos enseñan las siguientes Escrituras acerca de esta verdad?

   a. Mateo 11:21-24

   ....

   ....

   ....

   ....

   ....

   b. Lucas 12:47-48

   ....

   ....

   ....

   ....

   ....

   c. Mateo 23:14; Marcos 12:38-40

   ....

   ....

   ....

   ....

   ....

NOTA: En Mateo 11:21-24 y Lucas 12:47-48 aprendemos que los hombres son responsabilizados de acuerdo con la revelación que les ha sido dada. En Mateo 23:14 y Marcos 12:40 aprendemos que los hombres también serán juzgados de acuerdo con la severidad de sus pecados.

Castigo eterno

Posiblemente, la verdad más aterradora acerca del infierno es que es eterno. Todos los que pasan a través de sus puertas están sin esperanza de redención o restauración futura. Están condenados para siempre. Esta verdad es probablemente la más repulsiva para aquellos que rechazan la doctrina bíblica del infierno. ¿Cómo puede ser justo el castigo eterno? ¿El castigo no es mucho mayor al crimen?

Cuando pensamos acerca de la naturaleza eterna del infierno, debemos considerar dos verdades. Primero, debemos tomar en cuenta la aborrecible naturaleza del pecado. El pecado que se comete en contra de un Dios infinitamente digno merece castigo eterno. Segundo, debemos darnos cuenta de que el castigo del infierno es eterno porque el impío continúa en su rebelión sin arrepentirse durante toda la eternidad. No debemos asumir que el impío se arrepentirá en el día del juicio o incluso después de una corta estancia en el infierno. ¡Más bien, su odio hacia Dios, la dureza de su corazón y su desvergonzada rebelión continuarán a lo largo de la eternidad! La rebelión eterna demanda castigo eterno.

1. ¿Cómo se describe el infierno en las siguientes Escrituras? Considera lo que estas descripciones nos dicen acerca de la naturaleza eterna del infierno.

   a. F________________ e________________ (Mat. 18:8; 25:41; Jud. 7).

   b. C____________________ e__________________ (Mat. 25:46). Es importante notar que la vida eterna se menciona en el mismo versículo que el castigo eterno. Si aceptamos la doctrina del gozo eterno de los justos en el cielo, también debemos aceptar la doctrina del castigo eterno de los impíos en el infierno.

   c. E____________________ p__________________________ (2 Tes. 1:9). Aunque algunos argumentarían enérgicamente que la palabra «perdición» indica el dejar de existir, la palabra «eterna» hace que esta interpretación sea imposible. En el infierno, los impíos son entregados a una existencia que puede ser descrita como destrucción continua.

2. ¿Qué nos enseñan los siguientes textos bíblicos acerca de la naturaleza eterna del infierno y el castigo eterno que se otorga a los impíos?

   a. Mateo 25:41

   ....

   ....

   ....

   ....

b. Marcos 9:47-48

....

....

....

....

c. Apocalipsis 14:9-11

....

....

....

....

3. Muchos de los que niegan la naturaleza eterna del infierno nunca negarían la naturaleza eterna del cielo. Sin embargo, como se mencionó anteriormente, para ser consistentes es necesario que, si alguno rechaza la naturaleza eterna del infierno, también rechace la naturaleza eterna del cielo. ¿Cómo Jesús demuestra esta lógica? Llena los espacios en blanco.

   a. De acuerdo con Mateo 25:46, los impíos van al castigo e________________ y los justos van a la vida e__________________. Sería inconsistente dar dos significados en conflicto a la misma palabra en la misma oración. Si el castigo «eterno» no significa en realidad que los impíos son castigados para siempre, entonces la vida «eterna» no significa en realidad que los justos viven en la presencia de Dios para siempre.

INFIERNO

PARTE 2: LOS TERRORES DEL INFIERNO

Una descripción bíblica del infierno

En las Escrituras encontramos muchas descripciones gráficas y asombrosas del infierno. Si deben tomarse literalmente o no, ha sido un largo debate incluso entre los eruditos más conservadores. ¿Es el infierno un lugar de fuego, oscuridad, humo y azufre? Si uno niega la interpretación literal de estas descripciones para minimizar los sufrimientos de los impíos en el infierno, sus argumentos deben ser rechazados. Sin embargo, es comprensible y aceptable creer que estas descripciones son figurativas en el sentido de que son un intento por describir algo tan aterrador que concebirlo va más allá de la capacidad de la mente humana y comunicarlo va más allá del poder del lenguaje humano. Los escritores bíblicos utilizaron los más grandes terrores en la tierra conocidos por el hombre para describir los terrores del infierno, pero podemos estar seguros de que el horror del infierno es peor que cualquier cosa que encontremos en la tierra. El fuego, la oscuridad, el azufre y el humo son solo débiles intentos de describir una realidad mucho más aterradora de la que incluso esas palabras pueden transmitir. De la misma manera en que las glorias del cielo no pueden ser comprendidas por la mente humana o comunicadas a través del lenguaje humano, los terrores del infierno van mucho más allá de nuestra imaginación y habilidad de describirlos.

1. ¿Qué descripciones usan las siguientes Escrituras para comunicar la aterradora naturaleza del infierno?

   a. F__________ (Mat. 3:10; 7:19). A lo largo de las Escrituras, la idea del fuego se utiliza para comunicar el juicio y la ira de Dios revelados en contra del pecado y el pecador. Es la reacción santa y justa de Dios ante todo aquello que contradice Su naturaleza y voluntad. Es feroz, aterradora e irresistible. Sin embargo, por aterrador que sea el fuego literal para un hombre que se quema, no puede comenzar a describir el terrible fuego de la ira de Dios que se derrama contra el impío en el infierno.

b. F_________ e__________ (Mat. 18:8; 25:41). El énfasis aquí está en que los sufrimientos del impío en el infierno son para siempre. No hay esperanza de redención o restauración para aquellos que están en el infierno.

c. F__________ que n_________ se apagará (Mat. 3:12). La idea que se comunica aquí es que los tormentos del infierno no solo son eternos, sino que no disminuyen. Nunca habrá ningún alivio para los condenados.

d. L_________ de f__________ y a____________ (Apo. 20:10). Esta descripción se da para comunicar la inmensidad y poder del infierno. El juicio del infierno no es solo unas gotas o un pequeño arroyo de tormento. Los habitantes del infierno serán como hombres naufragando en un enorme y agitado mar de ira divina, arrojados de un lado a otro por las violentas y continuas olas de la indignación justa de Dios. Serán como hombres ahogándose en un enorme y agitado caldero de fuego.

e. H_______________ de f__________ (Mat. 13:42). La verdad que se comunica aquí es acerca de la intensidad del infierno. En un horno hay poca oportunidad para que el calor escape; no hay lluvia para mojar las llamas, y no hay brisa para traer frescura o alivio. De la misma manera, la intensidad de los sufrimientos del infierno nunca será reducida.

f. T________________ de a____________ (Mat. 8:12; 22:13; 25:30). La verdad que se comunica aquí es acerca de la separación de los habitantes del infierno. Son expulsados, y ningún lugar se encuentra para ellos. Son separados no solo de Dios, sino también de la comunión con los otros. El infierno es un lugar de aislamiento absoluto e insoportable, completamente separados de la vida y luz de Dios.

g. O________________ de las t________________ (Jud. 13). Hay muy pocas cosas más solitarias que la oscuridad completa. Hay un gran sentido de desesperanza relacionado a la condena de esa clase de oscuridad.

h. M________________ s________________ (Apo. 20:14; 21:8). El destino final del impío es justo lo contrario al del creyente. Para el creyente, ya no habrá temor a la muerte (Heb. 2:14-15), porque la muerte no será más (Apo. 21:4). En contraste, el impío vivirá en un estado de muerte incesante. Tendrá existencia consciente, pero ninguna de las bendiciones, esperanzas o gozos de la vida.

2. Habiendo considerado algunos de los nombres descriptivos del infierno, escribe tus reflexiones. ¿Cómo describirías el infierno a alguien más?

....

....

....

....

....

....

....

....

Las advertencias de evitar el infierno a toda costa

Los terrores del infierno son claramente comunicados en las advertencias de las Escrituras de evitar el infierno a toda costa. De todos los terrores que podrían venir sobre un hombre, el infierno es el peor. Es importante notar que Jesucristo habló más acerca del infierno que todas las otras personas bíblicas juntas. Él enseñó de manera clara y directa acerca de las realidades del infierno y dio a los hombres las más grandes y severas advertencias de huir de la ira venidera.

1. En Mateo 10:28 y Lucas 12:5 están dos de las más severas advertencias dadas por Jesucristo acerca de los terrores del infierno. Escribe tus reflexiones. ¿Qué nos comunican estas advertencias acerca de los terrores del infierno y la necesidad de temerlo?

....

....

....

....

....

....

NOTA: El mundo en los tiempos de Jesús estaba lleno de guerra, hostilidad, mercenarios y tiranos implacables. El ejército romano era tan cruel como poderoso. Sin embargo, a pesar de todos esos peligros a los que la iglesia primitiva tendría que enfrentarse, Jesús advirtió a sus discípulos que temieran a Dios por encima de todo. Las torturas más continuas de esta vida están limitadas tanto en su intensidad como en su duración, ¡pero la ira de Dios en el infierno es incomprensible y eterna!

2. Jesús y los autores bíblicos no solo enseñaron acerca de los terrores del infierno, también advirtieron a los hombres que evitaran la condenación del infierno a toda costa. ¿Qué nos enseñan las siguientes Escrituras acerca de esta verdad?

   a. Lucas 13:24

   ....

   ....

   ....

   ....

   ....

   ....

   ....

   ....

NOTA: La palabra «esforzaos» viene de la palabra griega */agōnízomai/*, que significa «contender, agonizar y trabajar fervientemente o con gran celo».

   b. Mateo 18:8; Marcos 9:47

   ....

   ....

   ....

   ....

   ....

   ....

   ....

   ....

NOTA: Estos pasajes no deben ser tomados literalmente; Jesús no está enseñando que la automutilación es un medio efectivo y adecuado para restringir nuestras pasiones pecaminosas. Él simplemente está enseñando que debemos lidiar radicalmente con el pecado debido a sus aterradoras consecuencias.

3. Habiendo considerado la advertencia bíblica de evitar el infierno a toda costa, escribe tus reflexiones. ¿Cómo advertirías a otros acerca del infierno?

....

....

....

....

....

....

....

....

....

....

....

....

La Única Esperanza del Hombre

La esperanza de salvación

Hemos llegado al final de nuestro estudio acerca del hombre y su problema. Hemos llegado a algunas conclusiones muy serias en el transcurso de nuestro estudio. El pecado de Adán ha invadido a la raza humana por completo. Todo hombre es un ser moralmente corrupto, hostil hacia Dios y reacio a someterse a Su voluntad. Todos nosotros somos capaces de cometer pecados y perversiones indescriptibles; por lo tanto, somos dignos de la justa condenación de un Dios santo y recto. Las Escrituras son claras: todos los hombres, sin excepción, están condenados delante de Dios sin excusa o coartada. Aún más, el hombre no puede hacer nada para cambiar sus circunstancias o reconciliarse a sí mismo con Dios. Esta es una verdad terrible, pero una que debemos creer y aceptar antes de que podamos empezar a comprender la gran salvación que Dios ha logrado para Su pueblo a través de Jesucristo.

1. Las siguientes Escrituras son una conclusión adecuada para nuestro estudio, porque no solo declaran la solemne verdad de nuestra incapacidad de salvarnos a nosotros mismos, sino que también proclaman la gran esperanza de salvación a través de la misericordia de Dios revelada en Jesucristo. Considera cada pasaje; luego escribe la *solemne verdad* y la *gran esperanza* que se encuentran en cada uno de ellos.

   a. Salmo 130:3-4

      (1) La solemne verdad (v.3)

      ....

      ....

      ....

      ....

      ....

(2) La gran esperanza (v.4)

....

....

....

....

....

b. Romanos 3:19-22

(1) La solemne verdad (vv.19-20)

....

....

....

....

....

(2) La gran esperanza (vv.21-22)

....

....

....

....

....

c. Romanos 3:23-26

(1) La solemne verdad (v.23)

....

....

....

....

....

(2) La gran esperanza (vv.24-26)

....

....

....

....

....

d. Romanos 7:24-8:2

(1) La solemne verdad (7:24)

....

....

....

....

....

(2) La gran esperanza (7:25-8:2)

....

....

....

....

....

e. Gálatas 3:22

(1) La solemne verdad

....

....

....

....

....

(2) La gran esperanza

....

....

....

....

....

2. Habiendo considerado tanto la solemnidad como la esperanza expresadas en estos pasajes, escribe tus reflexiones. ¿Dónde descansa la única esperanza del hombre?

....

....

....

....

....

....

....

El problema del hombre

La verdad acerca del hombre y su problema es devastadora para cualquiera cuya conciencia ha sido despertada por el Espíritu Santo. Como clamó el apóstol Pablo: «¡Miserable de mí! ¿quién me librará de este cuerpo de muerte?» (Rom. 7:24). La respuesta a la pregunta de Pablo y la solución a la horrible situación del hombre se encuentra solo en Cristo, ¡en el evangelio (o «buenas nuevas») de Su obra salvadora a nuestro favor![14]

El salmista indica que, si el Señor mantuviera un registro de nuestras transgresiones contra Él, no existiera ni un solo hombre que pudiera permanecer delante de Él en el juicio (Sal. 130:3). Nuestras iniquidades están sobre nuestra cabeza; como una enorme carga, el peso de estas es demasiado como para que nosotros lo soportemos (Sal. 38:4). El pecado es el

[14] La doctrina del evangelio y muchas otras de las Escrituras que hablan acerca de esto son consideradas a detalle en mi cuaderno de trabajo anterior, *Descubriendo el glorioso evangelio.*

problema más grande de la humanidad, y la única fuente de todos los males que nos arruinan como individuos y como sociedad. Por lo tanto, nuestras dos necesidades más grandes son la salvación de la condenación del pecado y la liberación de su poder. Ambas son suplidas en la persona de Jesucristo y en Su obra salvífica a nuestro favor.

La Biblia declara inequívocamente que Dios es «misericordioso y piadoso; tardo para la ira, y grande en misericordia» (Éxo. 34:6). Por lo tanto, Él no se deleita en la muerte del impío; más bien, Él preferiría que el hombre se apartara de sus caminos y viviera (Eze. 18:23). A pesar de la profundidad del pecado de un hombre o del alcance de su rebelión, se le ofrece tanto perdón como limpieza si abandona sus caminos y regresa al Señor. David incluso dice que Dios perdonará sus transgresiones, cubrirá sus pecados y ya no lo culpará de iniquidad (Sal. 32:1-2).

Estas son noticias asombrosas, pero nos presentan un dilema teológico o filosófico: ¿Cómo puede un Dios bueno y justo conceder perdón al hombre pecador? ¿No hará lo recto el Juez de toda la tierra? (Gén. 18:25). ¿Puede un Dios justo ser apático hacia el pecado o barrerlo bajo la alfombra, por así decirlo, como si nunca hubiera pasado? ¿Puede un Dios santo llevar al hombre pecador a la comunión Consigo mismo y aun así ser Santo? Las Escrituras mismas nos dicen que aquel que justifica al impío es «abominación a Jehová» (Pro. 17:15). ¿Cómo puede entonces Dios perdonar al impío sin comprometer Su propio carácter? De nuevo, la respuesta se encuentra en la persona y obra de Cristo.

De acuerdo con las Escrituras, el hombre ha pecado (Rom. 3:23), y la paga del pecado es muerte (Rom. 6:23). Dios es justo, y las demandas de Su ley deben ser satisfechas antes de que el culpable pueda ser perdonado. En la plenitud del tiempo, el Hijo de Dios se hizo hombre y caminó en esta tierra en perfecta obediencia a la ley de Dios (Gál. 4:4). Al final de Su vida y de acuerdo con la voluntad del Padre, Él fue crucificado a manos de hombres impíos (Hch. 2:23). En la cruz, tomó el lugar de Su pueblo culpable, y su pecado le fue imputado a Él (II Cor. 5:21). Como el portador del pecado, Él fue hecho maldición por Dios (Gál. 3:13), fue abandonado por Dios (Mat. 27:46), y fue aplastado bajo el peso de la ira de Dios (Isa. 53:10). A través de Su muerte, la deuda por el pecado fue pagada, las demandas de la justicia de Dios fueron satisfechas, y la ira de Dios fue aplacada. De esta manera, Dios resolvió el gran dilema. Él ha castigado con justicia los pecados de Su pueblo en la muerte de Su único Hijo; por lo tanto, ¡Él puede libremente justificar a todos aquellos que depositan su fe en Jesús!

A través de la muerte de su Hijo, Dios ahora puede ser justo y quien justifica hasta al más vil pecador que ha depositado su fe en Él (Rom. 3:26). Sin embargo, el evangelio es más que la liberación de la condenación del pecado; también es la liberación del poder del pecado. En su primera epístola, el apóstol Juan nos dice: «Todo aquel que cree que Jesús es el Cristo, es nacido de Dios; y todo aquel que ama al que engendró, ama también al que ha sido engendrado por él» (1 Jua. 5:1). Este nuevo nacimiento hace posible que el hombre se arrepienta y crea para salvación, y hace posible que camine en vida nueva (Rom. 6:4). A través de la obra regeneradora del Espíritu Santo, el corazón de piedra del hombre, que estaba espiritualmente muerto e insensible a Dios, es reemplazado por un corazón de carne que desea y es capaz de escuchar Su voz y seguirlo (Eze. 36:25-27). Era un árbol malo y llevaba malos frutos; ahora es un buen árbol plantado junto a corrientes de agua, llevando fruto en su tiempo con hojas que no caen (Mat. 7:17-18; Sal. 1:3). Por lo tanto, el creyente es justificado, y así se convierte en hechura de Dios creado en Cristo Jesús para buenas obras (Efe. 2:10). De hecho, esta continua transformación moral en la vida del creyente es la base de su seguridad y evidencia de verdadera conversión.

Como hemos dicho, el evangelio es una noticia asombrosa, pero permanece una pregunta importante: «¿Cómo puede obtenerse la salvación? ¿Qué debe hacer un hombre para ser salvo?». La respuesta es clara: «arrepentíos, y creed en el evangelio» (Mar. 1:15). Las muchas Escrituras en este cuaderno de trabajo ya han refutado cualquier argumento o sugerencia de que el hombre pueda ser salvo por su propia virtud o mérito. Dentro de nosotros, ¡estamos destituidos de ambas cosas! Incluso nuestras supuestas «buenas obras» delante de los hombres no son más que trapos de inmundicia delante de Dios (Isa. 64:6). Por lo tanto, debemos rechazar cualquier y toda confianza en la carne y confiar solo en Cristo (Fil. 3:3). El cristiano es la persona que ha estado de acuerdo con Dios acerca de su estado pecaminoso, ha renunciado a toda su confianza en su propia virtud o mérito, y ha depositado toda su esperanza de salvación en la persona y obra de Jesucristo.

Sobre Sociedad Misionera HeartCry

La Sociedad Misionera *HeartCry* es un ministerio de la Christ Church de Radford, Virginia, {EE. UU.}, y está bajo la supervisión de los ancianos y la congregación en asuntos de fe, doctrina y práctica. Nuestro personal está conformado por ancianos y miembros comprometidos con el trabajo de las misiones. Nuestro ministerio funciona como socio y facilitador entre iglesias autónomas y donantes individuales en Occidente e iglesias autóctonas en algunas de las áreas menos evangelizadas del mundo; para que el evangelio sea predicado a toda criatura; los elegidos sean reunidos de toda tribu, lengua, pueblo y nación; e iglesias locales fuertes sean establecidas entre ellos. Nuestro llamado específico es asociarnos con iglesias autóctonas de fe y práctica similares a las nuestras en la capacitación y envío de misioneros para el establecimiento de iglesias locales maduras y autónomas.

El objetivo de nuestro ministerio es glorificar a Dios y traer el mayor bien posible a la humanidad a través de la predicación del evangelio y el establecimiento de iglesias bíblicas en todo el mundo mediante el equipamiento y la movilización de iglesias y misioneros autóctonos.

Trabajamos con misioneros autóctonos a quienes Dios ha levantado para Sí mismo en algunos de los lugares más remotos de la Tierra. Nuestro objetivo es proporcionar la capacitación y los recursos necesarios para promover el Evangelio por medio de estos misioneros autóctonos de todo el mundo.

Al considerar la valía de cualquier esfuerzo misionero, nuestras tres mayores preocupaciones deberían ser la doctrina, la integridad y la práctica. DOCTRINA: La Gran Comisión no se trata de enviar misioneros, sino de enviar la verdad de Dios por medio de misioneros. INTEGRIDAD: Aquellos que predican el evangelio deben adornar el evangelio con sus vidas. PRÁCTICA: La Escritura determina la estrategia: proclamación, oración de intercesión y servicio sacrificado.

«Porque desde la salida del sol hasta su puesta,
mi nombre será grande entre las naciones» (Mal. 1:11)

www.heartcrymissionary.com

recursosespanol.com

Sobre Editorial Legado Bautista Confesional

Legado Bautista Confesional es una editorial que existe para darle la gloria a Dios a través de proveer escritos teológicos e históricos que proclaman la verdad de la Palabra de Dios desde la perspectiva bautista (manifestada en sus confesiones de fe históricas) con el propósito de contribuir al currículum de libros y lecturas requeridas para la preparación de pastores bautistas reformados de habla hispana, así como a la edificación y estudios de los miembros de sus iglesias.

Legado Bautista Confesional se desarrolla con el propósito de poner al alcance de las iglesias de habla hispana la herencia bautista confesional histórica en formato de libros impresos y digitales.

Nuestros Valores

Excelencia – Hacer un trabajo digno del Señor al cual servimos (1 Cor. 10:31). La forma de hacerlo es a través de nuestro proceso de trabajo y de nuestro equipo.

Accesibilidad – Hacer económicamente accesible cada uno de nuestros libros de manera que todos los pastores y miembros de las iglesias bautistas reformadas de habla hispana puedan obtenerlos.

Unidad – Unificar el esfuerzo de hombres de Dios en diferentes países que tienen la misma pasión y sienten el mismo peso por la preparación de pastores y edificación de los miembros de las iglesias.

Educación Teológica – Fomentar el inicio y continuación de la educación teológica bautista reformada en cada uno de los países de habla hispana.

www.legadobautistaconfesional.com

info@legadobautistaconfesional.com

HeartCry
MISSIONARY SOCIETY

Made in the USA
Las Vegas, NV
25 September 2024